精準狙擊成長股

A Proven Market-Beating Formula for Growth Investing

THE LITTLE BOOK THAT MAKES YOU RICH

跑贏大盤的
8個高勝率選股指標

LOUIS NAVELLIER

路易斯・納維利爾——著　簡瑋君——譯

CONTENTS

各界推薦 *005*
前言：擺脫市場掌控，滿載豐厚利潤 *009*
自序：我找到了打敗市場的公式！ *013*

Chapter 01 ◦ **讓我們從結尾開始** *017*

Chapter 02 ◦ **依靠成長** *029*

Chapter 03 ◦ **情感救援** *039*

Chapter 04 ◦ **修正、修正、再修正** *051*

Chapter 05 ◦ **驚喜、驚喜、好驚喜** *059*

Chapter 06 ◦ **賣出、賣出、再賣出** *067*

Chapter 07 ◦ **擴張、擴張、再擴張** *075*

Chapter 08 ◦ **自由現金流量** *083*

Chapter 09 ◦ **一切都是可變的** *091*

Chapter 10 ○ **瞭解你的超額報酬和系統性風險** ... *101*

Chapter 11 ○ **不要離經叛道** *111*

Chapter 12 ○ **之字形投資法** *125*

Chapter 13 ○ **組合在一起** *135*

Chapter 14 ○ **量子跳躍** *147*

Chapter 15 ○ **蠢蛋，這是經濟問題** *159*

Chapter 16 ○ **畢竟這個世界很小** *173*

Chapter 17 ○ **掌握成長的沸騰** *183*

Chapter 18 ○ **危機四伏** *191*

Chapter 19 ○ **緊盯目標** *205*

致謝 *218*

各界推薦

聚焦8高勝率選股,成就投資功業!

《精準狙擊成長股》作者路易斯・納維利爾在書中所提出的八個高勝率選股指標,幾乎就是股戰求勝護城河,是投資聖典的方程式。

對應我第一線走訪請益的實務感受,我鄭重推薦此書給讀者,股戰必能卓越。

股市投資,是一場對經營者內容和自己判斷思考的數字和非數字之觀相識心漫長歷程,作者在書中列舉的八個高勝率選股重點,幾乎和我走訪請益中,從數字端詮釋公司內容完全相同,讀者細讀,必有所得。

——呂宗耀(呂張投資團隊總監)

高度依據數字投資的路易斯，在這本引人入勝又能輕鬆閱讀的指南中，闡述自己成功的成長型股票投資策略。專業投資人分享祕訣給大家測試耶！老實說，這種事情可不是天天有！

────約瑟夫‧巴提帕里亞（Joseph Battipaglia），
萊恩貝克投資公司（Ryan Beck & Co.）投資總監

大約 20 年前，路易斯在競爭激烈的投資通訊領域中有著輝煌貢獻。自此之後，他開始在冷酷的量化分析上增加有趣的學問，而本書更清晰地總結其系統性的選股方法。不僅充滿說服力，還有這位專家在職業生涯巔峰時期獲得的深入見解和奇聞軼事。

────彼得‧布萊梅羅（Peter Brimelow），
「市場觀察」網站（MarketWatch）專欄作家

這本書用簡單的文字解釋複雜的金融理論！裡頭充滿寶貴智慧與合理策略，是所有成長型投資者的必讀之作！

────內德‧戴維斯（Ned Davis），
內德‧戴維斯研究機構（Ned Davis Research）創辦人

身為資金經理人、作家和理財顧問，我一直很驚訝為什麼路易斯的資訊總是可以如此準確。而且不管市場如何變動，他的投資理念與方法很有效、很可靠！

——肯・斯特恩（Ken Stern），

肯・斯特恩聯合公司（Ken Stern & Associates）總裁

路易斯向投資者演講時，可以明顯看到他對股票投資充滿熱情。這本書中傳授了他的偉大成長型選股技巧和更多知識。只需要快速閱讀這一本，就可以學習他經得起考驗的投資方法！而且這些方法幾十年來以超強的 4 倍優勢打敗大盤！

——吉斯勒兄弟（Kim & Charles Githler），

網路秀（InterShow）創辦人

關於成長型投資的實用書籍！這本書最吸引人的地方，或許並不是他亦步亦趨地指導你進行投資、說明他都用什麼標準尋找成長型公司……真正的樂趣其實在於他在書中不斷提醒的：華爾街並不理性，而是往往被恐懼和貪婪驅使。

——《紐約時報》(*The New York Times*)

書中將成長型投資策略講得非常透徹，更極具說服力！
　　　　——彭博新聞社（Bloomberg News）

絕對不能錯過的投資聖經！
　　　　——市場觀察網站（MarketWatch）

　　想要理解、實踐路易斯的投資方法，不需要有深厚的數學或金融背景，也不用學習複雜的計算公式。因為他只專注在八個簡單明瞭的選股指標，來區分良莠不齊的股票。他的投資通訊《新興成長》（Emerging Growth）在過去22年裡，其報酬率幾乎跑贏大盤4倍，更不用說表現同樣出色的共同基金和機構股票基金！
　　　　——道瓊斯通訊社（Dow Jones newswire）

　　這本書裡的都是值得奉行的金玉良言。
　　　　——《財經註冊前線》（Registered Rep magazine）

　　這本書提供了很好的選股入門。投資專家公開投資祕訣？！路易斯應該要因此獲得充分表揚吧！
　　　　——《柯克投資觀察》（The Kirk Report）

前言.

擺脫市場掌控，滿載豐厚利潤

我要告訴你，這本書為什麼會對你很有幫助。

股票市場上，多數人都宣稱自己是長期投資者、投資決策有紀律。唉，然而大家的投資成果卻是恰恰相反。例如，當市場受到衝擊時，人們常常會問：「現在退出是否太晚了？」當涉及個人證券交易時，大家則會被各式各樣的因素影響。這些可能是他們在電視上看到的、在雞尾酒會上聽到的、在報紙或雜誌上讀到的，或是在電子報上看到的。

結果是：你會因為買得太高且（或）賣得太低而受挫。市場掌控了你，而不是你掌控了市場。

這就是為什麼投資中最有內涵的兩句話是：「沿著希望的斜坡走下去」（股價從天堂跌落到地獄）和「攀登憂

懼的牆壁」（被恐懼束縛而寸步難行）。在熊市中，人們通常會認為市場低迷只是一種反常現象，緊接而來的總是股價強勁上漲。當股市出現反彈，人們就會認為壞消息已經過去，市場重回上升趨勢。然後股市再次遭受打擊，隨後又是另一輪所謂的「曇花一現」。最後，投資者哭喊道：「只要讓我回本，我就再也不玩股票了。」這時股市通常已經走到底部。

相反地，在牛市中，投資者意識到壞消息和可能出問題的事情，便會變得比較謹慎，擔心市場遭遇重創。他們要不是持有現金，就是非常謹慎地進入股市。只有在牛市的最後階段，樂觀的情緒才會占上風。

你是否厭倦了被市場折騰、厭倦讓情緒主導投資決策，甚至厭倦沒有深具紀律的方法好讓你在艱辛的市場中強化自己的意志、在上漲的市場中防止自己過於輕率？

如果是這樣的話，相信你會喜歡這本小書，並且從中受益。

‖ 八大獲利指標，你也適用 ‖

路易斯‧納維利爾擁有令人稱羨的長期投資紀錄。當然，他也有過休整期，某些他挑選過的股票下場也很糟

糕。但是,他的成功關鍵在於其嚴謹的投資方法。隨著時間推移,這個方法也為他帶來令人印象深刻且遠遠高於平均水準的報酬。而這個方法,你也適用。

納維利爾列出八個他在選股時會考慮的基本因素(請參閱第 20 頁)。他很早就意識到,專注於單一的基本因素可能會讓人誤入歧途。

華爾街是個充滿情緒的地方。正如納維利爾在這本書中所說的:「股市具有一般嚴重精神分裂症的所有心理症狀。」、「成功投資成長型股票的最大風險,就在於人類的情緒,例如恐懼和貪婪,經常使我們在錯誤的時間點完全做錯事。」華爾街對流行的癡迷,甚至超越好萊塢或服裝產業,但是你絕不會想陷入當下普遍可見的窠臼。特定的變數在某段時間內可能對你很有利,一旦其他投資者也抓到這個變數,結果可能會讓你大失所望。納維利爾將他提出的八個變數都設下權重,並隨著時間推移而改變,但他會規避只專注在當下看來很熱門的幾個變數所帶來的風險。

他在書中還煞費苦心地討論:追求卓越報酬的同時該如何降低風險,並針對大家經常談論卻常遭到誤解的術語「系統性風險」(beta)和「超額報酬」(alpha),進行一

段令人大開眼界的探討。

總而言之，納維利爾在書中向大家揭示：他是如何尋找在所有整體市場狀況下都能表現良好的股票。而且，由於市場上總是潛藏著令人驚訝的變化，他也敦促投資者分散投資，將投資組合多樣化，比如投資30到40支股票。

所以我的建議是：花點時間去閱讀和思考這本小書吧！你會學到很多有用的東西。最重要的是，你會真正領悟到投資不僅需要努力鑽研，還需要堅持不懈和始終如一的方法。路易斯·納維利爾向大家證明，專注和自律確實會讓你的投資組合獲得豐厚的利潤。

——史提夫·富比士（Steve Forbes）
世界權威財經雜誌《富比士》（*Forbes*）總編輯

自序.

我找到了打敗市場的公式！

「這本小書怎麼讓我變有錢？」所有持懷疑態度的讀者都可能想問這一句。

如果你抱持著懷疑態度，我會說：「太棒了！」如果你相信華爾街拋給你的每一則故事，就不可能成為一名成功的投資者。但是親愛的投資者，相信我：「儘管我可能會使用有趣的類比，但這本小書中逐頁列出的致富策略絕非童話故事。」

我是路易斯．納維利爾，簡單來說，是個喜歡數字的人。我投資股市已經幾十年了，在這段時間裡，我曾幫助投資者以近4：1的倍率擊敗市場。

我是怎麼做到的呢？我藉由投資體質健康、具有活力且有成長性的公司來實現。

華倫・巴菲特（Warren Buffett）式的價值投資可以讓那些偶然發現股價被低估公司的人獲益；指數化投資適合那些滿足於與整體市場保持同步的人（不管其速度有多慢）。但我發現，成長型投資著眼於尋找真正推動經濟發展的動力引擎公司，這才是讓投資者致富的最有效策略。

　　坦白說，這就是我今天的成就。

　　我的父親是勤勞的瓦匠和石匠，我算是出身卑微。這些年來我所積累的財富，是我繼承父親職業道德的結果（也就是我父親孜孜不倦的努力精神）。這種動力讓我發現選擇成長型股票的投資公式，並永遠改變了我的生活。現在，我大多和美麗的妻子和孩子們住在棕櫚灘附近一幢漂亮的海濱別墅裡。我有很多漂亮的車子（除了對數字的熱情，我承認自己真的很愛靚車！）。要會見客戶和華爾街人士時，我經常使用私人飛機載同事們一起到需要去的地點。

　　我是家裡第一個上大學的人，看到我開始在加州州立大學海沃德分校（現在的東灣分校）上學，家人們都很自豪。大家都知道大學的歲月會改變我的生活，但我想應該沒有人知道到底會改變到什麼程度！

‖ 善用知識和工具，讓你變得富有 ‖

我的一位財務教授來自富國銀行（Wells Fargo），我因此有機會參與一個研究專案，建立可以反映標準普爾500指數（Standard & Poor's 500, S&P 500）的模型。是的，對於像我這樣的「數字迷」來說，這是個夢寐以求的任務。如果不考慮那些量化計算，單是反映市場的概念聽起來很簡單，對吧？但令我驚訝的是，這項專案超乎我原先的計畫。事實證明，我的模型比市場表現要好得多！這個現象令人震驚。過去有很長一段時間，我一直被教導「不可能超越市場」。但是突然間，我做到了。

發現這個情形時，我既高興又有點憤怒。我很高興，因為我已經找到一個公式，可以在不承擔任何額外風險的情況下搜尋出持續跑贏市場的股票；我也很憤怒，因為我覺得自己被曾經崇拜的華爾街專業人士給騙了。

勤勞的個人投資者可能沒有強大華爾街公司所擁有的資源，所以自從發現打敗市場公式的那天起，我就把協助這些個人投資者當作是自己的使命。我現在的行程排得很滿，但是非常充實。我撰寫五份電子報、定期在全國各地演講，並在內華達州雷諾市經營一家成功的資金管理公司。這一切都是為了幫助個人投資者實現他們的理財夢想。

現在，在這本書裡，我要教給你知識和工具，讓你變得富有。

我們將從已經證明可以戰勝市場的成長型股票公式開始。它結合了一部分強大的基本面，例如營收成長和現金流量（這只是後面將要討論的八個關鍵變數之二），以及兩個部分的高量化標記，告訴你「現在要購買這檔股票！」（你很快就會看到這是公式中真正賺錢的部分）。最重要的是，這個公式也非常有效地警告你，因為不該強行碰觸的股票上將會閃爍著巨大的霓虹燈標誌。

希望這本書能夠如書中所言幫你實現致富的目標。我希望你能送孩子上大學、能舒適地退休、能享受你夢寐以求的假期，更能實現你的理財夢想。

身為成功的成長型股票投資者，我實現了自己的理財夢想，希望這本小書也能讓你著手開始實現自己的夢想。

CHAPTER 01

讓我們從結尾開始

== Let's Start at the End ==

「歸根究柢,收入才是最重要的。」
At the End of the Day, It's Earnings That Matter.

在經典音樂劇《真善美》（*The Sound of Music*）中，由茱莉·安德魯絲（Dame Julie Andrews）飾演的瑪麗亞修女告訴大家，我們應該從頭開始，因為「那會是個很好的起點」。但是，在尋找投資成長型股票以獲取利潤時，我們應該採取與修女建議完全相反的策略──從最後開始尋找。

明顯的事實是，一支成長性很強的股票，可以隨著時間增長到最初投資的 5 倍、10 倍，甚至是 20 倍，而這靠的是公司的基本面：公司能否持續銷售更多產品和服務來賺取越來越高的利潤？公司能否繼續創新和適應市場變化並保持領導地位？也就是說，公司最後是否能夠以高盈利水準持續銷售更多的商品或服務，才是造就偉大成長型股票的關鍵。

多年來，我發現一項決定性因素──在華爾街討生活必須面對的事實就是「變化」。我經常聽到權威人士或大師級人物告訴我們，在挑選成功的股票時有個最重要的「魔彈」變數，比如本益比或股價現金流量比。但是，這些靈丹妙藥的基本原理可能很快就會失寵。根據我多年的投資研究經驗，我可以肯定地告訴你一件事：許多基本面變數都有個生命周期，最長可能有 2 到 3 年，然後就會失靈，其優勢也跟著消失。

這有點像 1980 年代橄欖球教練比爾・沃爾什（Bill Walsh）和他的御用球隊舊金山 49 人隊（San Francisco 49ers）。沃爾什憑藉著他新發明的西海岸進攻方式[1]，讓聯盟中的其他球隊感到困惑，也使得 49 人隊幾乎戰無不勝。然而，時間一久，其他球隊適應了這項創新招式之後，原有的優勢也減弱了，新的球隊因此定出新的比賽計畫，拿回超級盃的獎座。49 人隊有過精彩的比賽，但就像華爾街一樣，一旦優勢消失，比賽就結束了。在某些時期，市場會青睞有獲利動能的股票；在某些時期，營運現金流量或未計利息、稅項、折舊及攤銷前的利潤（Earnings Before Interest, Tax, Depreciation and Amortisation, EBITDA）則是當前的主要指標。一旦舞伴卡滿了，每個人都在追逐相同標的，樂隊就會停止演奏，派對也就結束了。

　　由於賽局有這種變化的趨勢，我發現必須根據多個基本面變數來將股票排名，甚至可能得不時調整每個變數的權重。當我和團隊在制定選股計畫時，研究了數百個基本因素，來確定哪些因素最終對公司股價的表現影響最大。

---

1. 編按：West Coast Offense。利用短碼數的傳球為主軸來控制進攻節奏。

我們還研究了哪些因素對華爾街有利,並在特定時間推動股價上漲或下跌。我們使用這個強大的模型來篩選數千檔股票,就為了找出最有可能成為高成長股票贏家的標的。

結果發現,有八個獲得驗證的關鍵基本面因素,會驅動股價表現得更加出色,而且還經得起時間的考驗:

1. **正向的收益修正**:當華爾街分析師表示公司業務甚至好於預期
2. **正向的獲利驚喜**:公司公布的獲利高於分析師預期
3. **營收成長不斷增加**:公司產品的銷售持續快速增長
4. **營業利益率擴大**:企業利益率正在擴大
5. **強勁的現金流量**:扣除費用後公司產生自由現金流量的能力
6. **獲利增長**:獲利逐季持續成長
7. **正向的獲利動能**:獲利逐年加速成長
8. **高股東權益報酬率**:企業整體獲利能力高

這些指標可以用來衡量一家公司的財務健康狀況、產品銷售情況,以及是否能夠保持獲利水準(甚至提升到非常高的程度)。如果一家公司在這八個基本模型變數中的得

分都很高,就極有可能具備潛在的 10 倍成長股所有特徵,會讓我們希望能立即將其納入投資組合之中。

‖ 解析八大關鍵變數 ‖

這八個關鍵變數中,第一個是**收益修正**。我們會透過這個變數,搜尋那些華爾街分析師追蹤與研究這些公司後,向上修正預估獲利的股票。在經歷了泰科電子(Tyco)、世界通訊公司(WorldCom)和能源公司安隆(Enron)等財務詐欺事件的餘波,以及艾略特・史匹哲(Eliot Spitzer)的改革[2]之後,「收益修正」這個因素變得越來越重要。分析師們如此謹慎,以至於他們必須是真的肯定,才會不斷提高對企業獲利的預估。蘋果(Apple Inc.)就是很好的例子。在 2006 年的 90 天內,追蹤該股的分析師多次上調預測。

第二個基本變數是「**獲利驚喜**」(獲利與預測不符)。這項衡量的是實際公布的獲利數字,與華爾街分析師全體共識預估相差多少。我們會透過這個變數,尋找打破華爾

---

2. 編按:時任紐約州檢察長,於 2002 年揭發華爾街誇大評比、行賄等積弊已深的公司治理問題,重塑美國金融業秩序。

街分析師眼鏡、超越大家預期水準的股票。例如，石油和能源股的獲利一直遠高於分析師的預期。自從企業爆發醜聞、華爾街業者遭到起訴、史匹哲展開調查以來，多數分析師都傾向採用保守預估。幾年前，他們預測油價將會在每桶 40 美元左右。隨著油價漲至 60 美元甚至更高，收益遠遠超過預期，許多能源股價因此隨之暴漲。

第三個基本變數是「**營收成長**」。這時，我們所做的就是比較「本季的營收成長率」與「去年同期的成長率」。隨著時間推移，營收成長速度非常快的公司最有可能成為大贏家。如果一家公司能夠在長時間持續增加營收額，就表示他們的產品或服務非常受歡迎。我們會透過這個變數，尋找營收額同比成長 20% 或以上的公司。依照營收成長的資料，我們發現名為漢森天然飲料（Hansen Natural）的公司。這家公司生產非常受歡迎的魔爪能量飲（Monster Energy），營收額從 2003 年的 1 億美元，成長到 2006 年的 5 億美元以上，年收入成長超過 65%。

第四個基本變數是「**營業利益率擴大**」。所謂的公司營業利益率，就是扣除薪資和管理費用等直接成本後剩下的利益。我們會透過這個變數，觀察這個以百分比表示的利益率是逐年收縮，還是逐年增長。如果一家公司的

產品需求量很大,公司能在不增加成本的情況下,繼續提高產品或服務的價格,那麼公司的營業利益率就會增加。這種利益率擴大的例子之一,是名為博爾特科技(Bolting Technology)的公司。隨著石油價格上漲,用於勘探石油的地震勘測設備的需求也在增加,利益率從 2004 年的 8% 上揚到 2006 年的 40% 以上。這種獲利能力的成長,是導致股價(經調整分割後)從每股 8 美元漲到 40 美元以上的主要因素之一。

在我們選擇成長型股票的變數中,排名第五的是「**現金流量**」。現金流量是公司在支付所有費用後,實際賺得並保留下來的現金量,通常是衡量公司財務狀況的唯一最佳指標。那些支出經常高於收入的公司,可能會在某個時間點遭遇嚴重的現金調度難題。這是因為他們可能看起來有賺錢,然後把所有或部分收入用於必要的資本支出(這些支出包括呈現在損益表上的費用),結果到了年底,手上實際擁有的錢可能比年初還少。我們會透過這個變數,來衡量一家公司每季有多少自由現金流量,然後將其與該公司的總市值進行比較,來瞭解投資者在任何時間點願意花多少錢買這家的股票。

第六個變數是「**獲利增長**」。這種衡量方法是用來找

出那些能夠年復一年賺更多錢的公司。這個變數通常以每股盈餘（Earnings Per Share, EPS。公司盈餘除以發行在外的股票數量）來衡量。每年盈餘持續成長的企業，比盈餘不成長的企業得分更高，因此被稱為成長型投資。我們透過這個變數購買的多數股票，都展現出強勁且持續的同比成長。例如直播電視集團公司（DirecTV Group）從 2004 年每股虧損 21 美分，到 2006 年每股盈餘遠遠超過 1 美元；從虧損 3.75 億美元變成獲利超過 10 億美元。這就是成長！

　　我們在尋找的第七個基本變數是「**獲利動能**」。這只是衡量每年盈餘成長的百分比。與獲利放緩的公司相比，獲利逐年加速成長的公司更適合納入投資組合。紐約時尚品牌史蒂夫・麥登（Steve Madden，SHOO）這樣的公司，就是我們尋找標的之一。從 2004 年到 2005 年，他們的獲利成長了 61% 以上。這是個很棒的數字，對吧？隔年，他們的獲利增加了 117%！這種強勁的表現，使該股在 2 年內從每股 10 美元左右漲至 40 美元以上。

　　最後一項但絕非最不重要的變數，則是「**股東權益報酬率**」。股東權益報酬率是衡量企業獲利能力的指標。它的計算方法是：每股盈餘除以每股權益（帳面價值）。這個數字越高，公司的獲利就越高，提供給股東的報酬也就越

高。居於產業主導地位的公司,往往可以從投資股權中獲得非常高的報酬。我們透過這個變數,找到像是博弈產業的國際遊戲科技公司(International Game Technology),美國愛依斯電力公司(AES Corporation),羅斯保險公司(Loews)和金融服務業的第一馬布爾黑德公司(First Marblehead)這些賺錢機器。

　　為了讓大家瞭解這八個指標有多強大,我和研究人員們回顧過去幾年在這八個指標中表現最好的股票。結果發現,在每個類別中,評等最高的股票,表現都優於我們留意的所有股票。圖表 1-1 列出八個變數,並顯示出它們的股價表現如何優於所有其他股票的總和。

〘**圖表 1-1**〙8 個變數與超越整體的表現

變數	3 年來超越整體的表現
收益修正	10%
獲利驚喜	13%
營收成長	7%
營業利益率擴大	61%
自由現金流量	59%
獲利增長	30%
獲利動能	60%
股東權益報酬率	30%

‖ 找到表現最好的股票吧！‖

　　正如你所看到的，某些變數顯然表現得比較突出。這是衡量表現卓越的部分，但顯然所有變數的表現都優於整體市場，為什麼不直接使用得分最高的變數呢？原因和49人隊沒有進入季後賽的原因是一樣的：一旦每個人都學會透過跑動來應對西海岸進攻的戰術時，這個招式就不再是那麼強大的武器了。一旦我們依賴部分措施，情況就會改變，也會錯過很棒的股票。相反地，若將八個變數都置入我們的模型，並提出一個整體基本面權重。雖然每個變數的數量可能會隨著時間改變或調整，但在尋找最賺錢的股票時，卻會八個變數統統都考慮在內。

　　正是這些變數的組合讓我們找到了優秀的股票，像是：3年內上漲400%的美洲電信（America Movil）、2年內上漲300%以上的蘋果、3年內上漲1,000%以上的漢森天然飲料公司。這些變數的組合還幫助我們避免投資可能令人失望的股票、加緊賣出那些曾經賺大錢但基本面開始惡化的股票。藉由把注意力只集中在數字上，我們挑選贏家股票時不再只能用猜的。我可能無法說出哪家音響製造商、哪家生產網球鞋的公司、哪家擁有奈米技術的企業最終會成為大贏家，但根據這些數字，我已經能確定哪些股票會勝出。

在這本書中，我將展示這些變數如何與風險和投資組合管理相結合，讓你變得更加富有。我也會深入解釋每項變數，讓你瞭解它們有多麼強大，以及如何影響股票價格。

這些基本變數是我和工作人員大量研究和努力的成果，使我能夠年復一年、無論行情好壞都可以打敗大盤。我還將展現如何使用風險報酬測量，來確定這些基本面優越的公司何時會招來強烈的買氣，使其股價穩步上揚。當然，只知道買什麼、何時買還是不夠的。因此，我還會告訴你如何判斷一檔股票的風險已經過高、買氣正在減弱，該是脫手的時候了。

我還會展示如何使用投資組合管理技術，從成長型股票的等式中消除投資股票的日常風險。我甚至還會討論如何成功管理投資成長型股票的最大風險──人類的情緒，比如恐懼和貪婪，就常常導致我們在錯誤的時間點做出錯誤的事情。在市場恐慌中買進、在大家都看好市場時賣出，這是很難做到的一件事，但是我將會教你如何達成。

你準備好在華爾街找到表現最好的股票，融入你的成功財富積累投資組合中了嗎？

那我們就開始吧！

CHAPTER 02

依靠成長
Counting On Growth

「相信我,成長是可以衡量的。」
Growth Can Be Measured. Count on It.

傳統的投資和華爾街分析工作包括：與公司管理階層、客戶和供應商交談，然後建立複雜的模型來嘗試並猜測未來的財務結果。分析師們整天都在打電話和參加會議，試圖找出能獲利的股票。這個過程非常冗長，也相對地難以成功。華爾街人士試圖說服客戶的過程中，經常過於投入故事本身，並相信自己的預測真實不虛。然而故事卻會讓投資者步上操作失利和虧損的道路。

　　聽故事很有趣，內容也可能深具娛樂性及趣味性。想度過美好的夜晚有個良方，那就是和一群成年朋友們坐在一起，喝上幾杯成人喝的蒸餾酒，並和朋友們分享故事。但這卻是一種糟糕的選股方法，從長遠來看（有時甚至短期也是如此），甚至會讓你付出巨大的代價。

　　華爾街樂於尋找故事、出售故事，這是他們做生意的基礎。在1960年代末期，大家談的是集團化，而當時聽信的人損失了大量的金錢；進入1980年代初期，主角則是與石油、天然氣和房地產有關的故事，當時聽信的人也賠上巨額的資金；到了1990年代末期，充斥市場的是由科技和網際網路革命引發的典範轉移故事，而那些聽信的人再度慘賠鉅額籌碼。

　　投資故事越是充滿誘惑、令人神往，人們就越可能在

見不到聖喬治[1]的情況下進入金融巨龍領地。所以，一旦故事越動聽，就越要小心。

我們祖先相信的某些東西，現代人眼中卻是完全錯誤的。人們似乎需要為世界和其中發生的事情製造理由：農作物歉收都歸咎於神明發怒；牛隻遇襲是因為沒有向山下的巨獸獻祭合適的動物。但是，我們現在知道作物歉收是由於過度種植和不相容的土壤、牛隻遇襲是因為現實生活中出現狼之類的捕食者。

然而實際情況是：在缺乏科學驗證的情況下，我們仍會為世界上發生的事情編造理由，而這種相信神奇或超脫塵世現象的傾向，每天都出現在華爾街。分析師們提出一些講法，像是：「股價本來應該要表現得很好，但遇到雙上升的橫向三角形，導致股價崩盤。」、「移動平均線在應該轉向的時候卻下跌了。」或者，我們會聽到這樣的話：「嗯，本來應該可以拿到專利的，但是頑固的老古板美國食品藥物管理局（FDA），拒絕忽視 2,000 名服用這種新藥的人離奇死亡。」

---

1. 譯注：Saint George。著名的基督教殉道聖人、英格蘭的守護聖者。經常以屠龍英雄的形象出現在西方文學、雕塑、繪畫等領域。

請注意：股價不會在橫向三角形或移動平均線上下挫，公司也不會因為 FDA 而陷入財務問題。所有情況都有一個模式，而且可以透過科學分析來辨別。

‖ 數字比故事更可靠 ‖

我喜歡數字。數字和股票是我生命中最大的兩項愛好。幸運的是，我能夠將它們結合起來，組構為長期成功的職業生涯——也就是挑選成長型股票。

我相信數字就是證據，仔細研究和分析數字，可以幫助我們找到未來具有成長潛力及巨大獲益的股票，並同時避開故事與胡言亂語。投資者如果被故事吸引，可能會因此相信針對一檔股票或市場的炒作行為，並且在應該退場時仍然戀棧。正由於我們是純粹基於數字進行研究，才能夠在 2000 年 12 月賣出綜合技術企業思科（Cisco）和昇陽電腦（Sun Microsystems）的股票，開始買入能源股，以及如洛茲控股集團（Loews）和聯合健康集團（United Healthcare）等保守型且未被捲入科技股泡沫中的公司。

那些聽了科技股故事的人，在曲終人散後還抱股很久，最後不得不付出代價。然而純粹的量化研究和統計分析，讓我們在 2002 年買入房屋建商的股票，當時它們才剛

剛起飛,股價也連續數年創下新高。

越來越多人認識到,情境中的數字和數學通常才是最有意義的。有意義的、真正的答案,是針對情境中的數字進行科學分析,而不是相信神祕的力量。從主觀的角度分析事物,會讓我們透過自己的觀點、期望和夢想來解釋情況,還會受到他人的影響。我們周遭每天都有太多主觀資訊在浮動,該如何著手分辨哪些是對的,哪些是錯的?這太難做到了!麥爾坎・葛拉威爾(Malcolm Gladwell)在《決斷2秒間》(*Blink*)中講述一種全新的、簡單的數學演算法,可以幫助急診室醫生快速簡單地評估病人是否患有心臟病。研究人員發現,醫生們要面對快速且大量湧現的資訊,所以把這些資訊濃縮成一個簡單的公式,就可以加速診斷過程、提高診斷效率,進而挽救生命。

統計和量化分析也延伸到體育界。我喜歡與朋友和同事談論體育,但我談論的方式與多數人不同,因為我對球隊和球員抱持著冷靜客觀的態度,比較傾向分析,而非情緒化觀點。我總是說,如果要管理一支籃球隊,我會按數字辦事:根據所有關鍵的統計類別對球員進行排名,並選擇那些綜合排名最高的球員。籃球場上有許多偉大的神射手。我馬上就想到:艾倫・艾佛森(Allan Iverson)和皮特

・馬拉威奇（Pete Maravich）。他們球技高超，卻不曾接近冠軍寶座。把柯比・布萊恩（Kobe Bryant）和俠客・歐尼爾（Shaquille O'Neal）的籃板球和內線得分能力分開後，湖人隊充其量只有平均水準。球隊要成功，必須建立出一支抄截、助攻、籃板、阻攻和罰球等各方面都表現出色的團隊。

　　我想宣稱自己發明且推展了管理體育團隊的統計方法，但有人搶先我一步。麥可・路易士（Michael Lewis）在他的暢銷書《魔球》（*Moneyball*）中講述奧克蘭運動家隊（Oakland Athletics）總經理比利・比恩（Billy Beane）的故事。在各隊的總經理中，比恩被認為是個革命性的人物，是首位單純依靠數字的人。美國棒球作家比爾・詹姆斯（Bill James）多年來一直在他的棒球百科全書中，記錄有關比賽的所有可追蹤資訊。但那是給球迷看的，而不是給經理人看的。比恩挑戰傳統的智慧，採用數字，而且幾乎只用數字，來組建他的團隊。對那些認為必須要有識人之能（就是要有故事）的人來說，這大大侮辱了他們。數字本身無法組成一支可以獲勝的隊伍，只有專家才辦得到。但是比恩開發出一個公式，來衡量球員的統計數字和球員的合約成本。他利用這些數字，將運動家隊變成棒球界最多勝的球隊之一，而薪資成本只占洋基隊或紅襪隊的一小部分。

當然，運動家隊也非常賺錢，與舊金山巨人隊共用一個市場。事實上，這兩支球隊隨後都聘請了棒球量化分析師，來幫忙管理他們的球隊陣容。

各個領域都開始應用統計和量化分析。引人入勝的電視劇《數字搜查線》（*Numbers*），用每集一小時的內容，講述數學天才利用數學模型和統計數據為聯邦調查局解決犯罪問題的故事。執法部門廣泛利用這種類型的分析來破案；保險公司則用來為不同地區的各家司機分配費率；賭場甚至用來讓賭徒與他們的血汗錢說掰掰。事實上，當今最流行的遊戲之一——撲克，許多頂級玩家也都是運用量化的人，仰賴數字來取得勝利。因此，如果統計和量化思維可以在生活的各個領域發揮作用，哪有可能無法在股票市場上充分發揮？事實上，確實如此。

‖ 仰賴數字搶得先機 ‖

採用數字（並且只使用數字）還有另一個更重要的好處，就是防止我們愛上一個故事。無論是基本面還是量化面，由於只依賴數字，我們是少數幾家可以聲稱從安隆案中賺大錢的公司之一。現在大家都知道安隆的醜聞，也瞭解造成公司一路走向破產的會計和交易欺詐；但是大家都

忘記的是，安隆曾經是一家在營收和獲利上都迅速增長的強大成長型公司。我們在該股處於成長模式時便已買入，但在它登上頭條新聞很久之前就已經退出，因為在這段時間，數字開始顯示其基本面走弱，風險隨之而增。當時我們還不知道背後出了什麼問題，但是這些數字在報紙報導壞消息之前，就提醒我們有狀況發生。

對數字的依賴，也拯救了我們對泰尼特健保公司（Tenet Healthcare）的投資。從1990年代末到2001年，泰尼特的成長動能強勁。他們經營連鎖醫院，在美國和歐洲的業務迅速成長。然後在2002年底和2003年初，出現關於不當行為、增收醫療保險費用、賄賂醫生使用該公司設備等指控。加州雷丁市還有些醫生甚至進行了不必要的心臟手術！美國證券交易委員會（United States Securities and Exchange Commission, SEC）開始調查他們的計費方式和公開揭露[2]。但是早在發生這種問題之前，我們就在2002年11月該公司基本面下滑、波動性增加時賣出股票。從2001年至2007

---

2. 編按：public disclosures。指個人或組織公開發布重要資訊或數據。通常涉及公司財務狀況、合規性或其他對社會大眾有影響的內容，以提高透明度，保護投資者利益。

年,該股已從 55 美元左右跌至每股 7.5 美元。

單是依靠數字,就能搶在華爾街把它變成故事來說服他人之前,幫助我們快一步找到成長型股票,甚至也能幫助我們在故事結束前就退出。

華爾街賣的是故事,我相信的則是數字。我無法永遠相信華爾街的銷售機器,但我可以相信自己資料庫裡的數字。

大家就相信這個吧!

Chapter 03

情感救援
Emotional Rescue

「市場並不關心你對一檔股票的看法。」
The Market Doesn't Care How You Feel about a Stock.

滾石樂團（The Rolling Stones）在他們的熱門歌曲〈情感救援〉（Emotional Rescue）中，承諾要在情感上拯救一名可憐的、沒有人愛的女孩。

　　就像滾石樂團可以拯救失戀者破碎的心，數字也可以拯救投資者。這些年來，我學到一些關於數字的寶貴知識，其中最重要的一件事是──數字沒有情感。

　　它們不會恐慌、不會變得貪婪，更不會與配偶或同事發生爭執，做出錯誤的決定；它們不會在歡聚時刻喝得太多，隔天早上也不會因為頭腦混沌不清而做出錯誤的選擇；它們不關心市場老手的選股，也不關心誰的堂兄在網路癌症治療共同基金中賺了數百萬美元。

　　人類生活的每一天都會被很多事情影響。這是人類天性的一部分。有些人可能比其他人更善於控制自己的情緒，但人類畢竟不是機器人。

‖ 投資中常見的人為錯誤 ‖

　　雖然這可能會讓我有點像個怪咖，但我發現在股票市場只依賴數字帶來的訊息，可以避免我做出人類本能的情緒性決定。有種思想和研究流派相當關心投資者犯下的情緒錯誤，並稱之為行為財務學。在我們討論這些數字、數

字的含義、如何使用數字之前,我想花點時間回顧一下在投資中發現的常見人為錯誤。如此一來,就可以在自己的決策過程中避開它們。你的投資過程會變得更偏向技術分析,卻也會同時變得更加富有。

最嚴重和最常見的情緒性錯誤之一,就是「**賭徒謬誤**」(gambler's fallacy)。如果一枚硬幣拋了五次,每次都是正面朝上,人們往往認為下次出現反面朝上的機率更高。這是完全錯誤的。因為下一次出現反面的機率和前五次一樣,都是50%。每次拋擲都是獨立發生的,不見得這一次就會反面朝上。同樣的,僅僅因為市場在過去幾天上漲或下跌,並不表示接下來一定會朝相反的方向變動。每一天,市場的表現都是隨機的。當天的價格可能會受到當天事件的影響,而不是最近交易時段曾經發生的事情。儘管如此,我還是經常聽到投資者說:「不會再跌了。」你猜怎麼著——股市仍舊會繼續跌,而且還會帶走你的錢。

雖然過去20年裡我不是一直都居住在內華達州(我的辦公室位於內華達州雷諾市),但你可能會驚訝地發現我不賭博[1]。身為篤信數字的人,我知道勝算有多少,也不想浪費我的時間。雖然我知道如何算21點的牌,並押注到對我有利的地方,但在內華達州這樣做是犯法的。就算我很

少涉足賭場,也不想被納入賭場的黑名單。雷諾市的國際遊戲科技公司製造所有的賭博設備,是製造機器的專家。這些機器以鮮豔的顏色、誘人的聲音,以及不斷上升的累積獎金來吸引賭客。著名的心理學家史金納(B.F. Skinner)是制約鴿子和老鼠的專家[2],國際遊戲科技公司的員工們則是制約人類的專家。股市與賭場並沒有太大的不同,都喜歡制約人類。

投資者最糟糕的傾向之一就是:太早賣出賺錢的股票,卻老是抱緊虧損的股票。俗話說:「落袋為安,永不破產。」(You never go broke taking a profit.)但是因為這句話被殺死的投資組合,比匈奴王阿提拉(Attila the Hun)殺死的羅馬人還要多。

如果你在賺錢的股票上獲得5%到10%的蠅頭小利,卻在虧錢的股票上不斷遭受巨額損失,但仍堅信它會捲土重來,那麼你的整體績效將會相當黯淡。這樣看來:股市歷史上最好的選股高手,也只有70%的正確率(我很懷疑他

---

1. 編按:賭城拉斯維加斯(Las Vegas)及雷諾皆位於內華達州。
2. 編按:透過史金納箱(Skinner Box)餵食白鼠與鴿子,讓他們獲得制約,學習主動按壓槓桿以獲取食物。

們是否真的有這麼正確,但為了便於討論,我們還是使用較高的數字)。

假設你有個價值 10 萬美元的股票投資組合。如果你從賺錢的股票上獲得 5% 的利潤,那就是 3,500 美元的利得;但是你持有虧損股票的時間太長,平均損失 20%,那就是 6,000 美元的損失。最後的結果是:你選擇了最好的股票,卻每年都在賠錢!現在,讓我們反過來。如果你選擇了 30% 有獲利的股票,每年賺 50%。這就是 15,000 美元的收益;但是你將賠錢的股票損失限制在 5% 以內,就是損失 3,500 美元。最後的結果是:總獲利為 11,500 美元!這些例子雖然比較極端,卻說明了一件事:藉由賣出表現糟糕的股票、保留表現好的股票,可以防止自己將獲利的投資組合變為賠錢貨。

另一方面,與過早賣掉賺錢股票相反的危險,我將之稱為「墜入愛河」。我們全心全意放在一個包羅廣泛的多元化股票投資組合。這些股票具有強大的基本面,也通過風險／報酬測試,因此讓我們時常持有那些成為巨大贏家的股票。經過幾個月,甚至幾年之後,我們的投資組合中有些股票比起最初購買時增值了 100%、200% 甚至 300%,這種情況並不罕見。但是,正如《傳道書》(*Ecclesiastes*)提

醒我們的，凡事都有時機，這其中也包括了出售的時機。當基本面開始惡化，或根據我的分析而顯示出這檔股票的風險變得太大時，就是時候退出了。偏偏那些經歷過股價飛漲的投資者，有時並不願意出脫持股。

我們在各種能源相關的股票上獲得一些巨大報酬，然而隨著這些股票的基本面和量化等級下降，就會系統性地賣出這些股票。因為它們的風險變得太大了。我們在2005年底和2006年開始撤出石油和其他能源相關股票。到了2007年，獲利越來越不穩定，波動性不斷上升，顯然我們當初脫手的決定是正確的。

然而有些投資者和電子報讀者告訴我，他們不想賣，因為油價會永遠上漲、因為他們不想納稅、因為這是他們最喜歡的股票。這些不願脫手的想法，正是愛上一檔股票的常見症狀。你可以對股票示愛，但股票卻無法回報你的愛。一旦風險變得太高時，即使這些股票曾經讓你賺錢，你也只能賣掉它們，繼續前行。有太多投資者在審視自己的股票投資組合時，就像一頭被車燈照到的鹿——呆若木雞，一動也不動。選擇好股票只是成功了一半，在該賣出獲利的時候採取行動，才能落袋為安，並將資金轉移到更好的股票，或是減少損失，如此才能避免虧損帶來的痛苦。

〖圖表 3-1〗eBay 自 2003 年到 2005 年的生命周期

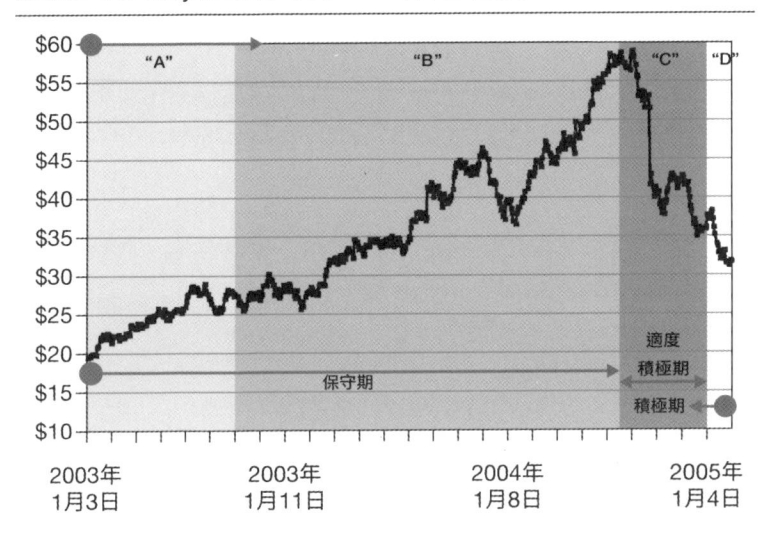

圖表 3-1 顯示出 eBay 從 2003 年到 2005 年的股價表現，而這張圖就說明了這一點。我們從 2003 年 3 月開始買進，當時該公司的業績超出分析師的預期，而且目標價格幾乎每天都在升高。我們在這檔股票上獲利豐碩，但它最終變得太不穩定，風險太大，無法繼續持有。我建議電子報讀者：是時候該脫手了。就像 2006 年的石油和其他能源相關股票一樣，我們看到有些人屈服於「墜入愛河」症狀，緊緊抱住持股。這些投資者可能喜歡 eBay，但 eBay 並不愛他

們。到了 2006 年 8 月，它已經落回最初的購買價格。

　　投資不該是一個股價去了又回的命題。你不會想要握有一檔股票獲得巨大利得，卻在價格回落時仍然抱著它。這樣的經歷會讓你得到痛苦的教訓，知道專注於冰冷數字的價值何在。

　　另一個嚴重的情緒和心理錯誤，則是行為科學家經常提到的「**後見之明**」**理論**（hindsight theory）。當我們回顧歷史時，我們會對自己說，這些早在事情發生前就知道了。2001 年爆發的網路泡沫就是有力的例子，現在每個人都聲稱他們早就預見了它的到來。但事實上，他們只知道市場高點已經無法持續，泡沫終將破裂，讓所有高風險投資者和短線交易者身敗名裂。不然每個人都提前知道了，怎麼還會損失那麼多錢呢？幾乎沒有人敢承認自己全程觀望，並在崩盤時賠錢，然而確實有數百萬人在那段時間裡損失了數十億美元。

　　多數人沒有預見泡沫的到來，但數字看見了。隨著科技股波動變得過於劇烈、風險持續增加，我們根據基本面和量化因素賣掉這些股票，轉而買入規模更大、更穩定的公司，並同時投資能源股。

　　因為我們往往輕易受到最近發生事情的影響，而不是

當下正在發生的事情。所以投資者還很容易淪為華倫・巴菲特稱為「**後視鏡效應**」（rearview-mirror effect）的犧牲品。隨著市場走高，個人（以及機構，畢竟共同基金和對沖基金都是由人所經營的）會越來越看漲市場行情；當市場賣壓持續一段時間，人們則會越來越不願意買進。

市場的交易趨勢中會不斷看到這種行為。1987 年，紐約證券交易所歷史上成交量最高的月份是 8 月；在 2000 年再次看到這種情況，交易量在 2000 年 9 月達到峰值，然後在接下來的幾年裡，由於無情的拋售壓力，交易量開始下降。在市場狂倒股票之後，成交量降到不及市場高點時的一半。就像前面提到的拋擲硬幣這個例子，市場是往前看的，依賴事後諸葛可能反而帶來毀滅性的後果。

2002 年，當投資者恐慌、害怕且不敢持股時，我們專注於數字和量化研究傳達給我們的訊息，然後進場買進股票。2003 年，在巴格達的雕像倒塌後[3]，利率大幅下降，股息稅即將減免[4]，投資者終於擺脫了他們的恐懼，大舉買進我們早已根據數字選定的股票。

‖ 人性太不可靠 ‖

　　我們無法控制自己的情緒和心理偏見。有些是與生俱來的，有些則像是跟隨其他人的羊群本能。當其他人都遭受重創時，自己就比較容易承受市場損失所帶來的痛苦。這種群體本能可以保護我們，不必承認是自己犯下的錯誤。

　　我們也傾向認為自己高於平均水準，比其他人更聰明一點。有多項研究證明，超過 80% 的學生認為自己的成績可以名列全班前 50%。在金錢的世界裡，如果你問基金經理（特別是非指數基金經理），他們是否能夠擊敗大盤，幾乎都會得到「能打敗」的答案。儘管他們聲稱自己很高明，但我們知道，無論何時，能擊敗大盤的基金經理不到一半，更不用說要長時間超越市場了。

　　我們也喜歡別人肯定自己的觀點，特別是被所謂的專家認可。因此，我們會搜索並找到能夠證實自己觀點的資訊、數據和分析。想更清楚這種偏見的作用，那就和看

---

3. 編按：911 恐怖攻擊後，美國向恐怖主義宣戰，並攻打伊拉克。美軍攻入首都巴格達後，民眾齊力推倒海珊銅像。
4. 編按：為鼓勵企業分配股息、刺激投資和提振經濟，美國於 2003 年通過法案，降低股息的個人所得稅率，從最高 38.6% 降低至 15%。處於較低所得稅級別的納稅人，股息稅率甚至降至 0%。

空股價的人談談吧！他們會引用所有悲觀陰鬱的專欄作家文章，並拿出圖表、曲線圖，清楚說明世界會如何走向終結，以及背後的原因。他們有自己的想法，並且獲得他人確證，卻忽略任何與這些相反的證據！

當我們成功時，也會傾向於表現自己有多聰慧，卻在失敗時把一切都歸咎於外界的影響。一旦我們買的股票上漲，那都是因爲我們很聰明，做了正確的選擇；只要我們選擇的股票下跌，則都是因爲經濟面、聯準會、愚蠢的經紀人或那些該死的對沖基金把事情搞砸了。我們不可能做出如此糟糕的選擇。

在我的辦公室裡，我們把這種情況稱爲「把智商和牛市混爲一談」。這種人性特質的潛在致命副作用是：當我們從錯誤的決定中獲得好的結果，就會再次做出同樣的事情。但是，這通常會導致不好的結果——不僅會賠錢，還會失去本來可以用以改進投資組合的時間。

我有個做選擇權交易的朋友，他曾經說過，對於不懂選擇權的菜鳥交易員來說，最糟糕的事情就是他第一筆交易就賺錢。這會使他充滿自信地認爲自己知道自己在做什麼，但之後肯定會遭致重大的損失。失敗的策略可能會讓你這次賺了錢，卻並不意味著下次也能賺到錢。特別是第

一次贏錢只是因為運氣好,而不是因為做了正確的決策。

這些特徵和偏見都是人類的一部分。當它們在股票市場中發揮作用時,會導致嚴重的損失,更會損害你的淨資產。

我還不知道如何讓自己不再受到人性弱點的影響,我認為你也不知道。我知道自己可能會被偉大的故事所吸引、被虛假的安全感所蒙蔽,或太相信自己而得意忘形,甚至隨波逐流,這就是為什麼當我要利用股票賺錢時,我會避免發生這些情況,而且堅持只相信數字。

Chapter 04

修正、修正、再修正
Revise, Revise, Revise

「思想的改變會導致價格出現變化。」
Changing Minds Leads to Changing Prices.

讓我們仔細檢視前面提到的八個基本面因素。打從我從事這個行業以來，已經證實這些特點正是優秀成長型股票的特徵。

這八個基本因素中的第一個是「**收益修正**」。

華爾街分析師是份不錯的工作。可以周遊各地遍訪公司、與企業高階主管交談、撰寫報告，並與大型投資者交流。這份工作的待遇也很不錯。事實上，薪水真的很優渥。我知道工作時間會很長，壓力也會很大，但是能在曼哈頓市中心的漂亮辦公室工作，還能擁有自己的公寓，而不是當個到處跑的挖溝工人，表示這份工作還算不錯，對吧？事實上，這是非常不錯的工作。因此，如果我是華爾街分析師，我每天關心的第一件事就是：確保我不會把事情搞砸然後被解雇。

不想失去這份好工作的最好辦法就是──不要犯錯。

分析師預測的季度收益是華爾街乃至全世界最受關注的數字之一，那些預測最準確的分析師會獲得豐厚的獎金，還可以入選《機構投資者》（*Institutional Investor*）雜誌每年發布的全明星分析師名單。一旦進入這個名單，前途就大為看好，通常也會大幅加薪。但是說實話，分析師給出

的預測雖然是有根據的猜測,但畢竟仍然還是猜測。而且即使是最好的分析師,也會時不時犯錯。

正如我們之前提到的,如果分析師的預測過高,公司公布的收益卻低於預期,那麼公司股價很可能就會下跌;如果分析師的預測過低,公司的收益卻超過預期,就會被視為是好消息,此時股價通常會飆升。這裡的寓意是,如果你無論如何都會犯錯,那就寧可估得過低,也不要估得太高。

如果預測偏低,股價卻因這個「差錯」而上漲,沒有人會因此丟掉工作;如果預測太多次偏高,你卻很可能會被逐出這個行業,只能寄望在會計公司找到一份工作餬口,而不能在曼哈頓市中心過著美好的生活。出於這個非常自私的原因,除非有非常令人信服的證據顯示公司業務遠優於預期,否則分析師不喜歡提高他們的獲利預期。由於分析師預估過高可能會導致失業,因此他們要是提高一間公司的預估數字,將會是個極佳的看漲信號,表示該股票的前景非常光明。

平心而論,除了自我保護,分析師們採取保守預估還有其他原因。自 2001 年網路泡沫化以來,監管和法律等因素開始影響分析師的預估。首先是公平揭露規則(Regulation

Fair Disclosure)。這項規定是為了防止分析師或投資者取得其他人無法獲取的企業資訊。結果，企業沒有只告知少數幾個對象，也沒有向所有人公開企業機密，反而變得更加守口如瓶，發布的資訊甚至比發布新法前更少。由於掌握的資訊比以前更少，在法規頒布後，分析師的預估也變得更加不準確。且因為分析師知道可以掌握的資訊較少，因此在沒有強而有力的資訊支持下，更加不願意提高預測值。

2002 年頒布的《沙氏法案》（Sarbanes-Oxley Act）也造成不少的影響。這項法案更加嚴格監管與限制企業解釋和傳播資訊的方式，更對違規行為制定嚴厲的懲罰措施。這下流向華爾街的資訊也大幅減少了。同樣地，面對有限的資訊，分析師得要有非常強大的信心，才會提高對下一份收益報告的預估。分析師們再也無法靠著向企業內部人士獻殷勤，來提前獲得好消息。要是還像過去這樣做，可能會讓他們被送進舒適的聯邦監獄牢房裡。

因此，分析師們現在傾向在每個季度都慢慢提高預測。倘若預估得太高，股價卻下跌，分析師就會失業；若是預估得太低，股價卻上漲，也沒人在乎分析師猜錯了。當預測值提高時，會對公司及其股價產生巨大的正面影響。正如我們討論過的，股票的定價取決於它們的收益，

以及對這些收益的預期。如果預期上升，股票應該更加值錢，股價就會上漲來反映這個事實。向上修正不僅表示短期內的利多消息，對更長遠的未來也具有正面的意義。

記住，最重要的是：分析師不希望他們的預測過高。所以，要是你認為公司下個季度每股還能賺 25 美分，與其把預測值估得太高，導致股價可能下跌，還不如給自己留點喘息的空間，把預估值調高 15 美分左右就好？沒有必要太過冒險，也沒有必要經常錯押股價上行。

向上修正收益具有長期的正面影響，第二個原因是：商業具有一定的周期性。一旦業務開始蓬勃發展，營收和收益快速增加，這種趨勢往往會持續一段時間。

這兩個因素結合在一起，是分析師預估上調收益後，為什麼可能還會多次向上修正的原因。

一旦預估向上修正，所有共同基金和對沖基金的機構投資者，就會開始對此消息做出反應。還沒有發布公平揭露規則時，那些貢獻最多佣金的人會先接到消息，並且領先所有人開始買進股票。但那樣的日子早已經成為過去。現在所有買方都有自己的股票估價模型，一旦輸入新的數字，股票在他們的模型中就會顯得更有價值，讓他們在股價還算便宜時候搶進。由於這些基金手上可用的資金數

量龐大,會需要幾天的時間來建倉,而隨著他們開始買進時,股價也會逐步增高。價格上漲通常會吸引其他買家,像是喜歡購買股價創新高,以便能搭上股價飆漲順風車的動量型投資者。

‖ 留意細節,小心陷阱 ‖

修正收益有幾個潛在的陷阱。

首先是會計欺詐。雖然現在已不像1990年代末那麼普遍,但仍然存在。企業以操控手法向分析師發布資訊,使其營運看起來比實際要好。這種情況確實會發生,還會導致有些分析師在公司實際經營並不那麼好的時候提高預測值。稍後將會更詳細地研究這一點。

另一個陷阱則可以在商品類業務的企業中看到。這些公司的收益成長,僅僅是因為商品價格上漲。就像有些商品的價格漲得很快,下跌的速度也是同樣迅速,因此導致分析師的預測值下降速度比上升速度還要快。

這就是我們在選股模型中要使用八個不同因素的原因之一。當獲利遭受操控,或是獲利成長是因為商品價格上漲而帶動時,其他因素將可提供更清晰的解釋。有些投資者和基金經理人只根據收益修正進行交易,但我更願意投

資各方面都表現出色、預估也正在調高的公司,來降低我的風險。

過去幾年裡,分析師對我們持有的石油股票,都展現出向上修正預估的力道。事實上,世界上所有分析師都秉持其保守的本性,在 2005 年的定價模型中採用每桶 30 美元的油價。新年伊始,我們就已經全員上檔,買進一批表現強勁的石油和石油服務類股票。隨著油價從每桶 40 美元漲到 50 美元,再飆升到 70 美元,分析師們也爭相追趕。有段時間,他們似乎每天都在提高自己的預估值。我們的投資組合中有帝國石油公司（Imperial Oil）、康菲公司（Conoco Phillips）、森科能源公司（Suncor）和瓦萊羅能源公司（Valero）的股票。其中,瓦萊羅和森科的股價都上漲到我們原本買進價的 2 倍。

2007 年初我最喜歡的成長型股票之一是直播電視集團公司。這家公司在包裝高畫質節目的表現非常出色,並且幾乎壟斷了體育類節目。分析師們一直低估了家庭觀眾對無限選擇的渴望,不斷調高他們的預測。2006 年末,分析師在短短 90 天內就兩次上調預測,推動該股強勁飆升了 30% 以上。

幾乎從一開始,分析師修正收益就是我們模型的一部

分,時至今日也仍是我們系統中較重要、較強大的其中一部分。

「收益修正」是挑選成長型股票的最佳工具之一,讓我們能夠向上修正自己對淨資產和財務狀況的預估。

Chapter 05

驚喜、驚喜、好驚喜
Surprise, Surprise, Surprise

「意想不到的事情可以帶來豐厚的利潤。」
The Unexpected Can Be Quite Profitable.

我們的第二個關鍵變數是「**獲利驚喜**」。

展現獲利驚喜的股票，是成長型股票領域的超級巨星。就像湯姆・布萊迪（Tom Brady）在國家美式足球聯盟（National Football League, NFL）第六輪選秀中脫穎而出，不僅贏得三次超級盃，更兩度當選最有價值球員（Most valuable player, MVP）；或者是像托尼・羅莫（Tony Romo）從坐板凳替補上場，到帶領達拉斯牛仔隊（Dallas Cowboys）在 2006 年重返季後賽一樣。這些股票超出華爾街分析師的預期，他們追蹤這些股票，目睹到這些股價快速上升。

那些連續幾個季度獲利持續超過預期的公司，通常會化身成長型股票的超級巨星。比起 2004 年奧運會美國隊的美式足球員萊恩・利夫（Ryan Leaf）和 2006 年冬奧會的滑雪選手博德・米勒（Bode Miller）[1]，那些收益低於預期且表現令人失望的股票還算好得多。這些股票的表現不如市場所預期，之後便從人們的視線中消失了，從此再也沒有出現過。

---

1. 編按：利夫在 2004 年的賽後派對上將鴉片類藥物維可汀與酒精混合，進而造成日後的藥物濫用成癮；米勒在出賽 2006 年義大利杜林冬奧會前備受期待，但是在超級大迴旋的比賽中發生嚴重失誤，被取消比賽資格。

獲利驚喜之所以有如此強大的影響，是因為成長型股票的定價是基於投資者對未來獲利的預期。投資券商、獨立公司和投資銀行，通常都會發布分析師對一家公司每個季度及未來幾年的預估獲利預測。分析師仔細研究，試圖預估業務和經濟狀況如何影響一家公司的未來，據以確定它們可以賺到多少錢。儘管分析師會仔細研究形勢，並使用複雜的模型和公式進行預測，卻無法確切知道公司內部發生了什麼事。當一家公司的表現確實超出或低於預期，這些模型必須根據未來的季度和年份進行相應的調整，導致投資者的預期也會跟著發生變化。這就是成長型股票的定價方式，因此價格會相應上漲或下跌。

　　分析師的預估之所以會失準，其中有很多不同的原因。

　　首先，要準確預測每季收益是非常困難的一件事。例如，人們怎麼能預測到漢森天然飲料公司的魔爪能量飲，會從充斥著咖啡因和維生素的液態能量飲料中脫穎而出，還比預期更快推動獲利進一步增長呢？又或者，人們怎麼能預測到蘋果的iPod會從個人影音設備脫穎而出，創造出實質壟斷的巨大利潤呢？

　　許多分析師錯失良機的另一個關鍵原因，是投資界的從眾心理。如果分析師的首要目標不是「成功預測並讓投

資獲利」，而是不要被解雇就好，那麼他們的預估就會落在類似的範圍內，而且大多會傾向股價較低的那一邊。都花時間和金錢取得常春藤盟校的企業管理學位，還在華爾街找到薪水不錯的工作，肯定不想失去這份工作！

最後，這似乎變成：只要其他人也搞錯了，那麼你犯錯也沒關係。就好像你是 ABC 券商的分析師，留意追蹤著「迅猛爆破股份有限公司」（Acme Roadrunner and Explosives Corporation, AREC），就可以打電話給在「德欺豪法律諮詢」（Dewey, Cheatem, and Howe）上班的同學，問問她對這個季度收益的看法。如果她認為 AREC 本季每股獲利是 1 美元，那麼你這個分析師預估一個接近的數字就可以了。如果你對油炸嗶嗶鳥和個人爆炸裝置的市場很樂觀，你可能會給出 1.01 美元的預測股價；如果你很悲觀，也許就會預測每股 0.99 美元。[2]

多數財經報紙和網站都會顯示追蹤某檔股票的分析師

---

2. 編按：此處為諷刺戲謔的說法。AREC 為虛構公司，以《樂一通》（Looney Tunes）動漫中出現的 Acme 公司為原型，該公司專門生產離奇產品，但品質很差，還會導致災難性的後果；Dewey, Cheatem, and Howe 也為虛構公司，常用來形容不道德、會做出不誠實或腐敗行為的公司；嗶嗶鳥則是動畫《樂一通》的角色之一，外觀造型上是將走鵑擬人化，常被另一個角色威利狼以炸藥攻擊。

人數,以及高、低、平均或共識預估值。看到這些數字如此接近,其實是相當令人驚訝的。從眾心理會迫使分析師相互追隨彼此的看法,並與其他分析師的預測保持一致。

近年來,正向的獲利驚喜變得越來越重要。

在 1990 年代末的網路和科技繁榮時期,分析師們常被指控過於樂觀,並且高估了科技公司的獲利。在某些情況下,分析師們甚至遭到證券交易委員會、檢察長史匹哲及其助理地區檢察官起訴。通常,除了公布的收益預估外,華爾街和投資網站上還流傳著另一個數字,稱為「耳語數字」(whisper number,最新預估數字)。這個數字通常高於公布的預估數字,據說反映了分析師的真實想法。一家公司不僅要打敗預測數字,而且要真正帶來驚喜,更必須打敗耳語數字。當一家公司的表現超越這兩個數字時,其股價往往會飆升。多半只有大客戶和機構法人才能取得這些數字,而且他們會根據這些數字大量進行交易。

隨著《沙氏法案》通過,以及幾起高調針對知名且有權勢的華爾街分析師的指控,耳語數字終告結束。《沙氏法案》特別明確規定分析師和企業必須如何向公眾披露資訊,以及報告應該如何呈現及傳播給大眾。法案頒布後,分析師如果向其重要客戶透露任何耳語數字,就將面臨被

起訴、失業和巨額罰款的後果。不過,《沙氏法案》也造成企業不願提供資訊給分析師,因此越來越難準確預測。結果之一是:分析師在預估獲利時往往更加保守,而且非常不願意在資訊有限的情況下冒險提高預估值。

‖ 等待不斷到來的驚喜吧!‖

獲利驚喜往往具有持續性。也就是說,一旦出現驚喜,就會有更多驚喜連番出現,因為分析師們會慢慢提高預估值來反映新的現實狀況。該季度迎來驚喜的股票,下個季度很可能也會再度有所驚喜。圖表 5-1 就清楚顯示出,2006 年蘋果股價在多個季度受到獲利驚喜的影響。

從圖表中可以看到,在 2006 年 7 月首次出現正向獲利驚喜後,10 月又再度出現收益上升的驚喜,這是因為 iPod 的銷售仍然強勁,新電腦的推出也受到好評。

要查看這種效應的長期效果,可以參閱圖表 5-2。漢森天然飲料的股價在較短的時間內上漲了 400% 以上,這是因為該公司接連好幾個季度的獲利都超出分析師的預期。從 2005 年 3 月開始,漢森天然飲料連續三個季度都出現正向的獲利驚喜,因此推動股價不斷走高。

〖**圖表 5-1**〗蘋果的正向獲利驚喜（2006 年）

〖**圖表 5-2**〗漢森天然飲料的正向獲利驚喜（2006 年）

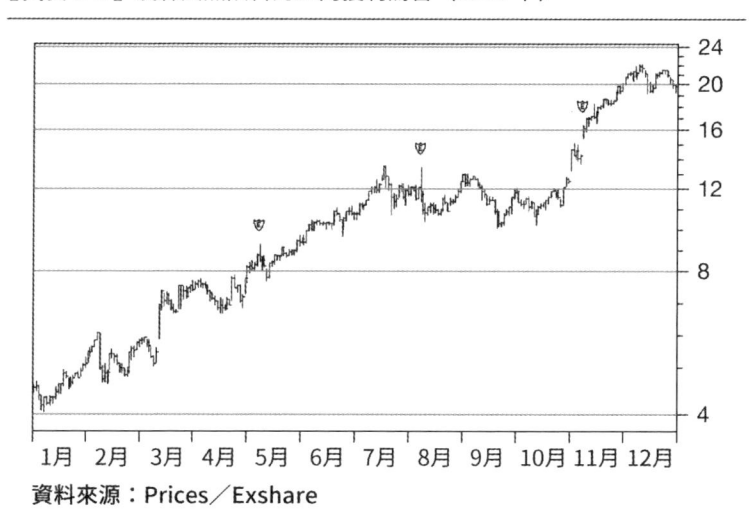

資料來源：Prices／Exshare

獲利驚喜也可以阻止股票繼續下挫，或者讓一段時間內不上不下的股票上漲。

2006年上半年，為消費者和國防應用生產能耐受極端溫度和耐腐蝕陶瓷材料的製造商「賽瑞軍工陶瓷」（Ceradyne），股價從每股60美元左右跌至40美元左右，而且還持續探底。但是10月份的獲利驚喜，卻將其股價推高至60美元以上。

阿卡邁科技（Akami Technologies）是一家網路服務公司，其應用程式可以幫助提高網站的速度和可靠性。這家公司的股價也表現出同樣的現象：在2006年上半年基本上呈現原地踏步，直到6月當季業績超過預期。這是特別強勁的事件，因為有14位不同的分析師都在追蹤這支股票，對該季的預期相差不到2美分。當獲利超出預期時，股價便戲劇性地從20美元不斷上漲，直到年底每股已經超過50美元！

獲利驚喜是我們基本面排名中最重要的因素之一。

持續超出預期的股票有可能成為股市中的MVP湯姆‧布拉迪，帶給我們冠軍股的表現。投資分析師的工作是透過預測公司的經營狀況來獲取高薪。當我們的股票持續超過分析師的預期，股價應該繼續上漲，才能配得上新的、更高的預測和估值。

CHAPTER 06

賣出、賣出、再賣出
SELL, SELL, SELL

「要獲得成長,首先必須有人賣出一些東西。」
To Get Growth, First Someone Has to Sell Something.

第三個變數很簡單,就是「**營收成長**」。

成長型股票最重要的因素之一,就是公司確實在成長。這聽起來可能有點蠢,但是因為曾經發生的會計和獲利管理醜聞,這種說法就沒那麼蠢了。

衡量實際成長最可靠也最真實的方法,就是確認公司今年的營收額是否有所增加,以及和去年相比後增加了多少。損益表上的數字可能會被操控,藉以造假獲利,但是營業收入很難調整。營收成長是我們的選股模式中,非常重要的一部分。我們尋找的是有著巨大營收成長的股票。

我們定期測試、追蹤選股模型中使用的每個變數,不斷發現營收成長是模型中最強大的變數之一。一家公司的季營收增長率(Quarter over Quarter, QoQ)和年營收增長率(Year over Year, YoY)如果沒有快速成長,幾乎不可能實現我們所追求的成果。看看圖表 6-1,就可以知道營收成長率高的公司,表現大勝那些營收成長不那麼驚人的公司。

‖ 該怎麼讓營收成長?‖

基本上,有兩種方法可以讓公司實現更快的成長。

第一種方法是:公司產品或服務非常受歡迎,需求很殷切,每個季度都會賣出更多產品或服務。多年來,像是我

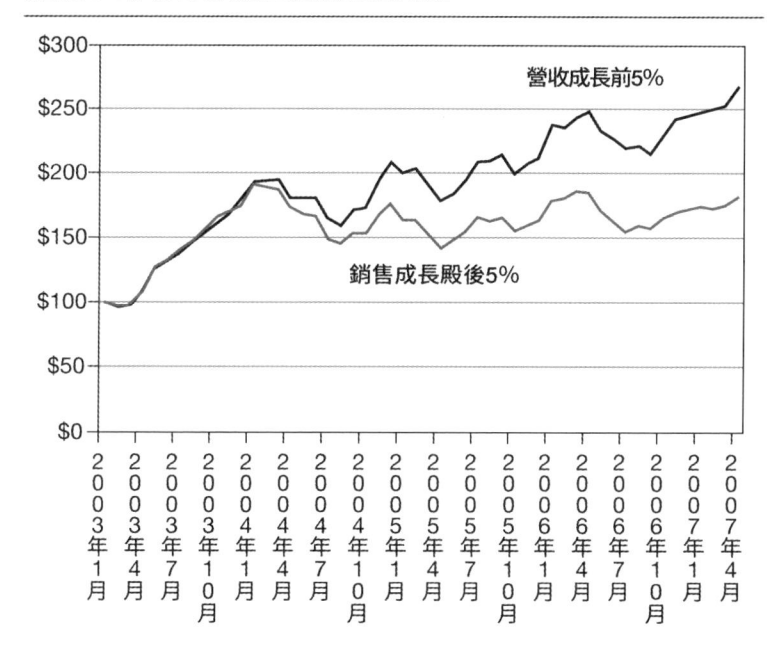

【圖表 6-1】高營收成長型股票產生高報酬

[圖表內容：縱軸為金額（$0 至 $300），橫軸為2003年1月至2007年4月的季度。上方曲線標示「營收成長前5%」，下方曲線標示「銷售成長殿後5%」]

們的最大贏家芝加哥商品交易所（Chicago Mercantile Exchange）和精密鑄件公司（Precision Castparts），就是這種情況。

以領先的期貨交易所之一「芝加哥商品交易所」為例，隨著貨幣和股票市場的蓬勃發展，營收額在短短三年內，從大約5億美元增加到10億美元以上；精密鑄件的營收額則是在兩年內成長了近2倍，就是因為航空業積壓已久的

需求,導致市場用於飛機引擎的高科技金屬需求激增。正是這種令人難以置信的增長,同時間推動驚人的價格上漲。

只要公司營收以每年50%到100%的速度成長,股票價格就可能出現利多消息。金融服務業的第一馬布爾黑德公司就是另一個好例子,說明產品需求激增時會發生什麼狀況。

隨著教育成本持續增加,第一馬布爾黑德能夠放款並出售債權以取得現金,來幫助、資助更多人的高等教育。如圖表6-2所示,隨著第一馬布爾黑德的營收額爆炸式成長,他們的股價也隨之上漲,從2004年到2006年上升了270%。

營收額快速成長的第二個主要原因,出現在供需失衡並導致價格持續上漲的公司。換句話說,也就是價格和需求上升,但經營成本沒有大幅增加。

正由於能源成本的快速上漲,使得國際能源探勘與生產的康菲公司(Conoco Phillips),其營收在不到3年的時間裡,從900億美元增長到1,850多億美元。這種快速的營收成長,推動該公司股價在短短3年內從2003年的25美元,漲至70多美元。帝國石油公司在美國仍以老品牌埃索(Esso)銷售石油,同期營收額從100億美元增至240多億

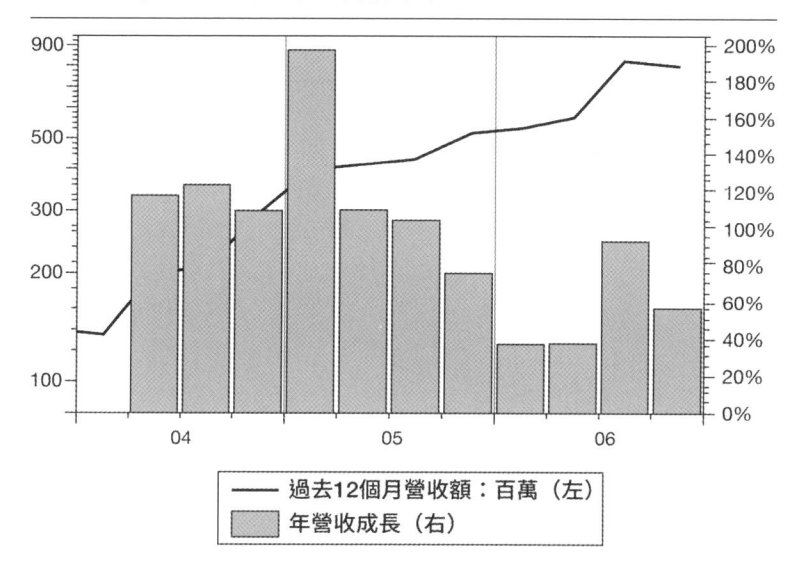

〔**圖表 6-2**〕第一馬布爾黑德的營收成長

過去12個月營收額：百萬（左）
年營收成長（右）

美元。其股價表現更優，從每股 8 美元上漲到 2006 年底的 38 美元。

‖ 營收成長，就是王道 ‖

雖然我選股的策略是由下往上選，卻經常發現一旦對某種特定產品或服務的需求增加，可能會帶動同產業的許多公司出現在買進清單上。換句話說，整個產業別都會受

益於強勁的營收成長。

網路泡沫化之後，資金開始從股市流入銀行時，銀行不得不處理這些湧入的現金。而這時，銀行做了他們通常會做的事：把錢貸放出去。因此，所有可用的資金都開始流入房地產。也正是因為有大量的現金供應，再加上低利率，讓許多人得以購買他們的第一（或第二）套住房。所有新買家都促成房地產的繁榮。這種情況為房地產建築商萊納房屋公司（Lennar Corporation）和房地產抵押貸款機構美國國家金融服務公司（Countrywide Financial）等創造了巨大的營收成長。從2003年到2005年，隨著資金進入房地產市場，這兩檔股票的價值都增加了1倍以上。

在我的職業生涯中，營收加速成長幾乎是每支飆股的標誌。營收持續成長的公司，將不再依賴整體市場或經濟的回報。他們的價格會在專屬的領域裡增值，而這正是我們所追求的。

營收成長趨緩的公司，則會很快就被踢出投資組合。

有時候，即使是好公司，也會發現很難維持營收成長。有時甚至會因為太成功，結果適得其反。半導體公司英特爾（Intel）和科技集團微軟（Microsoft）就是被成功擊垮的絕佳例子。這兩家公司都曾是快速成長的企業，徹

底改變電腦產業，並以前所未有的規模為個人提供巨大的計算能力。然而，他們發展得太成功，完全主導其產業，每個人都擁有 Windows 作業系統和內建英特爾（Intel Inside），結果沒有多少人或企業需要購買他們的產品。現在，他們必須藉由產品升級、附加產品來增加營收，可能再也看不到它們曾經享受過的那種炙手可熱繁榮盛況了。

我們非常密切觀察營收成長是否下滑。由於「營收成長」是我們選股成功的一項極大變數，因此只要營收趨緩，就是真正的危險信號。

CHAPTER 07

擴張、擴張、再擴張
Expand, Expand, Expand

「與擴大腰圍不同,擴大利潤對你有好處。」
Unlike Waistlines, Expanding Margins Are Good for You.

現在,我們已經到第四個變數「**營業利益率的成長**」,八個變數也討論一半了。

我喜歡它們肥一點,也就是利潤率要豐厚一些。我專注在營業利益率,也就是一家公司的營業收入除以淨營收額。這個數字很容易計算,在大多數金融網站上也都找得到。

我比較喜歡營業利益率的數字,因為在一般公認的會計原則下,它很難被操縱;與淨收入等其他數字相比,營業利益率能讓我更清楚地瞭解一家公司的經營狀況(淨收入納入太多非經常性項目,因此不是可靠的衡量標準)。

如果一家公司的營業利益率逐年逐季都在增長,代表該公司從銷售的商品或服務中賺到了更多錢。我們經常發現,有些公司的營收出現爆炸式成長,營業利益率卻很低。因此,有的公司可能會藉由降價來刺激買氣,這對營收來說是件好事,卻無法反映持續的成長。特別是服務業,可能營收數字很高,利潤卻被新增加的員工和額外的行銷成本所消耗殆盡。

利益率可能會出於幾個原因展現暫時性的狂飆。

首先,公司可能會實施成本控制並減少開支,如此一來,銷售額每增加1元都可以帶來更多利潤。這樣很好,

我也很高興看到自己投資的企業對公司的開銷負責,但這並非是個可以持續的成長來源。在零售連鎖店中,經常看到關閉低銷量門市後利益率反而飆升的情形。同樣的,管理階層採取必要措施來提高淨利是件好事,但關閉門市並非是讓公司成長的真正良方。

擴大利益率的另一種方式,則是公司銷售更多產品,但基本營運成本沒有增加。當蘋果的 iPod 大受歡迎時,唯一真正增加的成本是製造新產品的成本。蘋果整體營業費用[1]的上升速度,比不上呈爆炸式成長的營收額和利潤率,股價也隨之上漲。

‖ 利益率狂飆,帶動股價一起飛 ‖

在第一章,我們討論了模型中的八個因素,並指出過去三年內,每個因素的表現都遠遠超越市場。而在過去幾年之間,利益率的擴大是所有變數中最成功的一個。那些能在每塊錢的基礎上擴大收益的公司,才是成功的股票。

過去十年裡,隨著科技和產能的進步,美國生產率不

---

[1] 編按:Selling, General, and Administrative Expenses, SG&A。也稱為銷售及行政費用,包括行銷與行政管理薪資、研發費用。

斷提升。那些因產品受歡迎而取得利益率擴張的企業，就像火箭一般升空、飛速發展。由於生產力和科技將在未來繼續成長（我是樂觀主義者，相信我們會有非常光明的未來），特別是成長型股票的環境應該會越來越好。

利益率擴張，進而推動股價上漲的最佳範例之一是雞肉產業。

泰森食品（Tyson）多年來只是一家普通的雞肉加工企業。他們會買雞、養雞、包裝產品，然後賣給零售商。這是一門不錯的基礎生意，但只包辦基本業務。然而，泰森開始創新，尋找新方法來銷售他們經營許久的產品，利用不同的方式包裝雞肉。他們銷售預先包裝好的雞肉、打開就能燒烤的去骨雞胸肉、冷凍雞肉餐、可以做水牛城辣雞翅的雞肉切塊[2]，以及其他創新的做法。他們發現，基本上相同的產品卻可以賣出更高的價格，連帶讓銷售額和利潤都增加了。

前任執行長唐納・泰森（Donald Tyson）還注意到，隨著經濟慢慢從 1970 年代的低迷中復甦，美國人更頻繁地外

---

2. 編按：Buffalo wings。源自美國水牛城，採用雞翅中下部不沾麵粉就直接油炸，再以辣椒等醬汁調味，是相當受歡迎的美國料理之一。

出用餐。因此,他開始在餐館和速食店銷售他的產品,而一通行銷電話改變了雞肉業的歷史。

泰森打電話給麥當勞(McDonald's),說服他們在菜單上添加雞肉產品。具體來說,是增加一種名為麥克雞塊(Chicken McNuggets)的新東西。這個點子非常叫座,而且由於泰森公司創新了生產和行銷技術,使得他們是唯一能夠提供雞肉塊的雞肉加工企業,也是這種產品的主要供應商。麥克雞塊很快就成為麥當勞菜單上最暢銷的產品之一。

泰森食品幾乎壟斷這項產品,可以在基本成本紋絲不動的情況下抬高價格。利益率擴大,該公司的股價也開始連年上漲的走勢,屢創新高,甚至迭創新價。

我喜歡舉出每項變數比較近期的例子,這樣大家就能看到在選擇正確的成長型股票時,每項變數有多麼強大。在過去幾年,能源和能源服務類股的表現最為明顯。經營能源事業的基本成本並沒有真正改變,但地緣政治和供應問題導致產品價格越來越高。這些公司銷售的天然氣和石油數量相同,利益率卻越來越高。下頁圖表7-1顯示加拿大森科能源公司在2005年的價格。利益率從營收額的20%躍升至50%以上,股價則飆升至80%。

【圖表 7-1】森科能源公司在 2005 年的表現

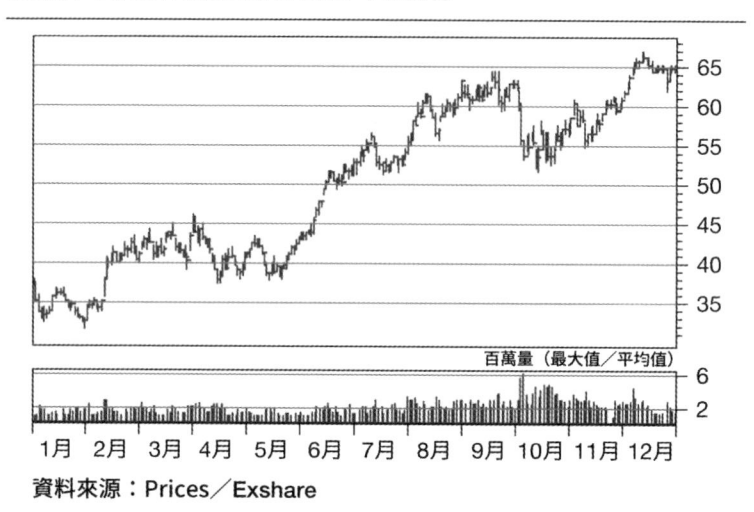

資料來源：Prices／Exshare

　　高售價對利益率和股價的影響，還有一個很好的例子——西方石油公司（Occidental Petroleum）。這家公司做的就是勘探、生產和銷售石油。從 2003 年到 2005 年，它不僅營收額快速增長，而且由於經營成本相當穩定，利益率也快速增長。他們的利潤每年都在增加，股價也在攀升，在此期間增長了 300％以上。同時間也隨著迅速增長的，當然就是那些意識到這種利益率擴張者的淨資產。

　　還有個絕妙的例子來自於電玩世界。大家幾乎都見識

到遊戲產業的繁榮。你可以在電腦上玩電腦遊戲、在特殊的遊戲設備如 Playstation 上玩、在手持設備上,甚至在手機上玩。這樣的繁榮,也意味著製造商需要圖形處理晶片,這種特殊的電腦晶片可以讓所有動作活靈活現,從血腥的電競到勁爆的美式足球高衝擊力,或是深受大家喜愛的 NBA 比賽都栩栩如生。以設計和銷售圖形處理器為主的無廠半導體公司輝達(Nvidia)恭逢其盛,正好可以提供所有遊戲製造商需要的晶片。隨著 2006 年需求水漲船高,他們的利益率增加了 2 倍,其股價也是如此,漲幅超過 100%。

‖ 利益率停止,是時候說再見 ‖

我們總是密切觀察利益率。利益率上升,通常表示一家企業在其業務領域占有主導地位,或是推出了新產品。但是商業總會不可避免的引來競爭,也會讓利益率開始受到侵蝕。我們非常仔細地觀察侵蝕狀況,並密切關注季營收增長率的成長。

利益率會停止擴張,原因有很多,但沒有一個是好的現象。有可能是公司在享受成功的同時,管理趨於寬鬆,連帶導致開銷費用膨脹(經理人很可能因此被炒魷魚);或是就像過去在製藥和公用事業所看到的那樣,該產業集

團可能受到更多監管與法令的控制。由於政府機構限制其產品價格，並迫使工廠和廠房設備增加昂貴的控制措施，讓製藥和公用事業的利益率都因此大幅崩潰。

無論為什麼利益率停止增長甚至開始崩潰，這都可能是成長趨緩的跡象，也許是時候該與這檔股票分道揚鑣了。

你可以用這個作為早期預警指標，在股票下跌之前就先賣出。

只要企業的利潤持續擴大，「營業利益率擴大」就會成為推動股價不斷上漲的強大變數。

Chapter 08

自由現金流量
Let It Flow

「源源不斷的現金流量,會帶來源源不斷的利潤。」
A Steady Stream of Cash Leads to a Steady Stream of Profits.

在這本書中提到的八個變數中，第五個是「**自由現金流量**」。

從 2004 年到 2007 年，依產生自由現金流量排名的最佳股票，其表現比整體股票高出 59%。

自由現金流量，是公司在支付經營成本、維持經營所需的維護費用後所剩下的錢。用簡單的會計術語來說：自由現金＝營業利益－經營企業所需資本的支出。

要瞭解自由現金流量，可以先想想你的薪資。你得到一定金額的報酬，然後再從這個金額中扣除各種費用，像是所得稅、醫療保險、社會保障、退休金等費用，剩下的就是你的所得。如果你是一家公司，這個數字則是你向投資者報告的總收益。

要是這個數字逐年上升，你就是更具價值的員工，至少從表面上看來是如此。當你回到家，坐下來支付你的帳單，像是保險、貸款或租金、水電費和餐費。付完這些必要的費用後，剩下的就是自由現金流量。你可以把這些錢花在奢侈品、度假之類的東西上，也可以放進投資帳戶裡。但是如果剩下的數字是負數，你就有麻煩了。假設這時你想做任何其他事情，如買衣服、理髮、換爐子，甚至支付托兒服務或教育費用，就需要動用信用卡來支付，或

是申請房屋淨值貸款（房屋抵押貸款）來取得資金，但也只求能夠勉強支應。

公司也面臨著完全相同的情況。如果支付銷貨成本和薪資等基本管理費用之後，不得不將全部所得用於修理和更換舊設備或建築物，這時公司的自由現金流量就爲負數。爲了考慮業務發展需求，甚至還得從其他地方尋找資金。然而，如果剩餘的自由現金相當充足，就可以用來擴展業務。

自由現金流量可以讓公司在決策時擁有很大的彈性。不僅可以在內部爲新的風險投資提供資金，也可以增加新的產品線、開闢新的市場，而不需要向銀行借錢或出售額外的股票來籌集資金。

我經常看到有些公司靠舉債經營，最終卻以失敗收場；或是出售太多股票，以至於無法賺到足夠的錢，來證明公司可以達到更高的股價。如果一家公司不能產生自由現金流量、無法實現自籌資金，其成長遲早也會因此受到阻礙、無法借到資金，甚至是股價低到沒有人願意再購買，就連再次發行[1]也是乏人問津。我們不希望自己的投資組合中出現這種表現不佳的公司，因此會非常仔細地觀察自由現金流量。

‖ 提高股息、回購股票 ‖

自由現金流量也可以提供機會，讓一家公司有能力支付並提高股息或從事其他事情，而這些對投資者來說是相當有利的。在現今的市場中，這一點非常重要。

過去，成長型投資者更注意的是股票的收益增長，而不是股息。自從國會在 2003 年頒布股息稅減免法案以來，聯邦政府對股息的徵收稅率僅為 15％，此舉無疑為投資者提供更多資金，可以在稅賦優惠的基礎上增加花用或再行投資。取消 85％ 的股息稅，讓股票的價值自然而然地就超越法案通過前的水準。令人驚訝的是，自從法案通過以來，不僅高股息股票表現良好，就連這些股票的波動性也有所下降。

對於像我這樣注重基本面和風險管控的成長型投資者來說，這簡直就是天堂。我認為，股息稅的減免是我一生中最看好行情上漲的事件之一，並希望美國國會在此臨時法案於 2010 年到期時，能夠明智地延長稅賦抵免[2]。如果不這樣做，2010 年 12 月可能會成為股市歷史上最糟糕的月

---

1. 編按：Secondary Offering。指首次公開發行後，公司再次發行新股募集資本，以利擴張或增強財力。

份之一,因為市場會因增稅而重新估值。然而,企業利用自由現金流量支付和提高股息的能力,目前在股票市場上依舊如同黃金一樣價值連城。

企業還可以利用自由現金流量來回購股票,這對股東來說是另一個正面的發展。當一家企業將自家股票視為具有吸引力的投資時,就會跟著發生真正的利多。

首先,股票數量減少,但收益和其他數字保持不變,這意味著本益比、本益成長比、股價營收比和其他關鍵性財務比率都將降低,能吸引更多投資者的青睞。我們已經知道股票市場會對供給和需求做出反應,而藉由回購股票,企業不但可以藉此降低供給,又可以讓股票對投資者更具吸引力,進一步提高需求。

股票回購也是一種強而有力的心理因素,展現企業對於自身能力和未來的信心。隨著公司透過越來越多股票選擇權來作為經理人的薪酬[3],能夠運用的自由現金流量也可以用來回購股票,對於抵消潛在的股權稀釋也是個好方

---

2. 編按:截至 2025 年為止,合格股息的聯邦稅率為應稅收入較低者的 0%、收入中等者 15%、收入較高者的 20%,但實際數字會因每年年底或次年初發布的具體稅法而有所調整。

法，可以讓現有股東免於遭受因為發行更多股票而造成的不良影響。

然而，自由現金流量為負的公司，就不得不做出一些艱難的決定來維持其營運。

他們可以透過發行債券，或從銀行等傳統融資管道借錢，但都需要持續支付利息，所以未來盈餘也會因而有所減少。為了抵銷增加的成本（利息支出），公司借入的資本必須要有高報酬率，才能抵銷新增的費用。除此之外，還可以發行新股來支應營運，但是這會使得現有股東所持股份的價值變得比以前還要低。因此，除非公司賺更多錢來抵銷稀釋效應，否則投資者最終還是會集體拋售持股，進一步造成股價下跌，導致更強大的賣壓。

網路泡沫化時期就看到很多這樣的情況。當時有些公司出現令人瞠目結舌的盈利成長，但消耗現金的速度卻也超出預期。這些公司繼續出售股票，為其看似驚人的業務成長提供資金。一旦股民熱情消退（因為他們沒賺到錢！），這些公司又無法出售股票來維持營運時，許多公

---

3. 編按：企業為吸引、激勵與留住高層管理人員，會支付財務報酬和非財務福利，其中提供股票選擇權，讓他們未來有透過預定價格購買公司股票的權利。

司就這樣在轉瞬間倒閉了。這也不是我們希望在成長型股票投資組合中看到的情況。

公司也可以透過削減開支來籌措資金，其中經常採用的措施之一，就是減少或取消支付股息。股息增加對投資者有利，股息減少對股東來說卻不是一件好事。

‖ 自由現金流量的強大 ‖

舉例說明一下擁有產生自由現金流量的能力有多麼強大吧！2007年1月，我在華爾街搜索到一些自由現金流量最高的股票。以美國塑膠管製造公司「聚盟雄鷹」（JM Eagle）為例，這是我在2007年初非常喜歡的一檔股票。這家公司在美國從事聚氯乙烯（PVC）管和配件的生產和分銷。從2005年開始，隨著房地產市場的繁榮，該公司業務開始擴大，產生大量的自由現金流量，而其中大部分用於回購股票。該股在2006年大漲，從每股約8美元漲至遠超過30美元。由於他們與市政府的自來水廠和住宅建築業合作，再加上全國性的大規模重建和改造自來水廠計畫才剛剛啟動，因此能繼續產生現金來造福股東。

產生自由現金流量的另一個好例子，則是好利公司（Holly Corporation）。我在2004年10月開始收購它的股票。

而截至目前為止，股價已經上漲了430%。好利公司從事煉油、運輸、終端管理和銷售石油產品的業務，還生產、銷售來自亞利桑那州和新墨西哥州的各種終端瀝青產品。他們的營收通常遠遠超過營運和維護業務的成本，並自2003年以來，利用這些現金將股息提高1倍以上，還回購600多萬股的股票。使用自由現金流量支付股息、回購股票，最後讓股價從每股7美元左右，漲到2006年1月的35美元以上！

分析一家公司的自由現金流量狀況，就跟你檢查個人財務狀況差不多。

如果付完開支後，你的薪水還有剩，就可以透過投資來積累財富、為老婆買條項鍊、外出用餐，享受生活中的美好事物；如果你的自由現金流量有限或毫無餘錢，那你就有麻煩了，得做出像是削減開支或借貸等艱難的選擇；如果你不能多賺點錢或少花點錢，有時甚至還得面臨破產的結局。

相同地，擁有自由現金流量的公司有能力發展業務、開設新店、開發令人興奮的新產品來增加利潤，並發放股息、回購股票，或是以更高的股價來回報股東。

藉由留意自由現金流量，我們也可以和有錢人一樣越來越富有。

CHAPTER 09

一切都是可變的
It's All Variable

「需要精確調整，才能瞄準當今最好的股票。」
It Takes Precision Tuning to Target Today's Best Stocks.

到目前為止，我們已經檢視了五個關鍵變數。要協助你找到現今最好的成長型股票，這些變數是非常重要的：

1. 收益修正
2. 獲利驚喜
3. 營收成長
4. 營業利益率擴大
5. 自由現金流量

我用包含八個因素的基本公式，來瞄準華爾街股票中最完美的精華部分。我敢肯定，到目前為止，你已經開始瞭解這八個因素如何對公司財務狀況、最終股票價格產生巨大的影響。接下來，很快就會說明如何將完整公式套用到你自己的投資中。在這之前，先一起完整理解一下公式中剩下的三個變數。這些變數非常簡單也容易解釋，因此這一章將會一次做個總介紹。我將逐一描述這些變數以及它們的重要性，並舉例說明它們的作用，讓你親眼目睹這些變數對股票價格的影響有多大。

正如我所解釋的，任何單一的基本變數都可能在一段時間內發揮作用，然後就突然不再有用。在1970年代，帳

面價值是決定未來強勁報酬的關鍵因素；在掀起併購狂潮的 1980 年代，利息保障倍數和未計利息、稅項、折舊及攤銷前的利潤（EBITDA）是關鍵變數之一。這些都會隨著時間而變化，而且變化的速度很快。有時候，出現獲利驚喜的股票會風靡一時；也有時候，營收成長才是推動股價走高的關鍵因素（比如 1990 年代末）。藉由留意與股票價格表現相關的所有八個變數，我們就能確保無論今天熱門的是什麼，都能認出受大勢影響的股票。而且因為除了關心當月市場趨勢還考慮其他變數，因此我們只持有這組股票中品質最佳的股票。

‖ 獲利增長 ‖

剩下的三個變數中，首先是最常見的基本變數，也就是「**獲利增長**」。在這裡，我們所期待的只是季度和年度的收益增長。

每個季度，公司都會發布一份報告，說明前三個月表現如何、買了多少東西、花了多少錢，以及賺了多少錢。從公司公布的每股盈餘（earnings per share, EPS），就可以知道最後結果。這個數字的推導很簡單：它就是該季度的總盈利減去特別股[1]的股息，再除以發行在外的總股數。這個

數字可以告訴我們，獲利是否逐年都在強勁增長。

因為市場非常重視每個季度的每股盈餘數字，所以股票最終是根據盈餘來定價的。一家公司的年獲利比去年高，每年報告時都會自動增加價值，通常此時股票價格就會上漲，藉以反映公司價值增加的事實。

拉丁美洲電信營運商美洲電信一直是獲利穩定成長的好例子，也是我們在選擇長期成長型股票時所尋求的好股票。隨著美洲電信的獲利逐年增長，其股價也逐年上揚。自 2004 年以來，該股已上漲了 300％。

另一個以穩定盈餘成長吸引市場注意力，並逐步推高股價的好例子則是谷歌（Google）。

從 2005 年年中開始，Google 開始逐季公布越來越高的獲利成績。該股承受巨大的買壓，從那以後，已經有序地上漲了 70％（見圖表 9-1）。

---

1. 編按：Preferred stock。若公司發行兩種以上不同型態的股票時，若有提供持有者享有部分優先權利或設有限制條款時，就是特別股。分配利潤時，特別股的權利順位優先於普通股，所以也稱為優先股。

〖圖表 9-1〗Google 自 2005 年中至 2007 年的業績表現

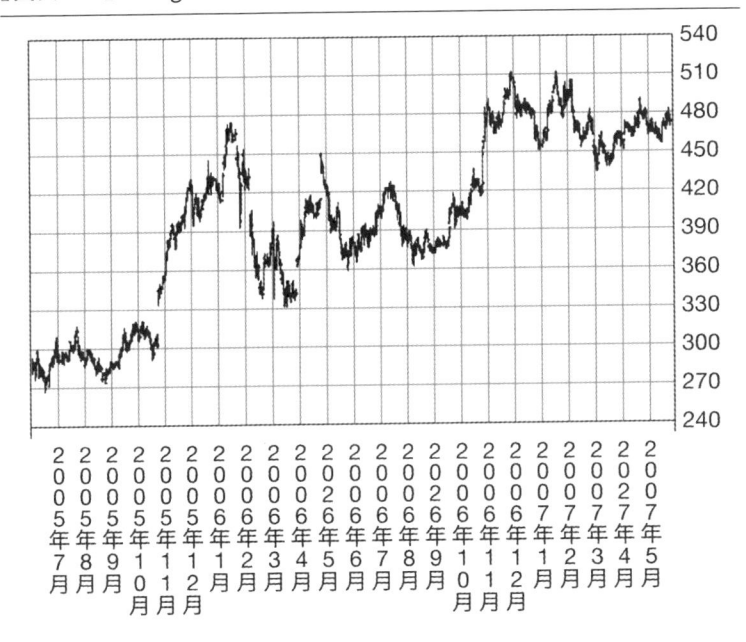

‖ 獲利動能 ‖

我們不僅希望看到獲利逐年增長,更希望看到與去年同期相比,本季有更大幅度的成長。如果上個季度的年度盈餘增加了 10%,就會希望本季度的增幅能超過 10%。這就是下個變數「**獲利動能**」在我們公式中發揮作用的地方。

一檔股票想在這個變數上的排名更前面一點,就必須

在每個季度都展現出穩定的獲利成長。有時候，這點很容易成為模型中最重要的變數之一。當市場「牛氣沖天」時，獲利動能會是推動股價上漲背後最大的動力之一。完整的投資學派、大型財經日報《投資者商業日報》（*Investor's Business Daily®, IBD*），甚至致力於根據獲利動能和其他重要基本變數進行投資。此外，也有數十家共同基金和對沖基金，都是利用獲利動能作為交易和投資的主要依據。

前面解釋過，擁有大量現金的人可以投資某支股票，並在吸引持續的買壓下創造正報酬。因為知道這些人喜歡獲利動能，再加上他們能以有序的方式推動股價上揚，所以在我們的基本評等系統中，獲利動能就扮演著相當重要的角色。

舉例來說，中點能源公司（Centerpoint Energy）是2007年年中獲得最高評等的股票。這是一個好例子，因為儘管多數人想到的都是在財經新聞節目、雜誌、報紙和網站頭條上眾人討論的熱門公司，這家公司卻剛好相反，很少有人會提到他們。在雞尾酒會上、在高爾夫球場上聽到這家公司消息的機率也非常小。

中點能源公司出售電力和天然氣，也支付相當可觀的股息。但是，解讀他們的獲利報告，才發現這有點像是不

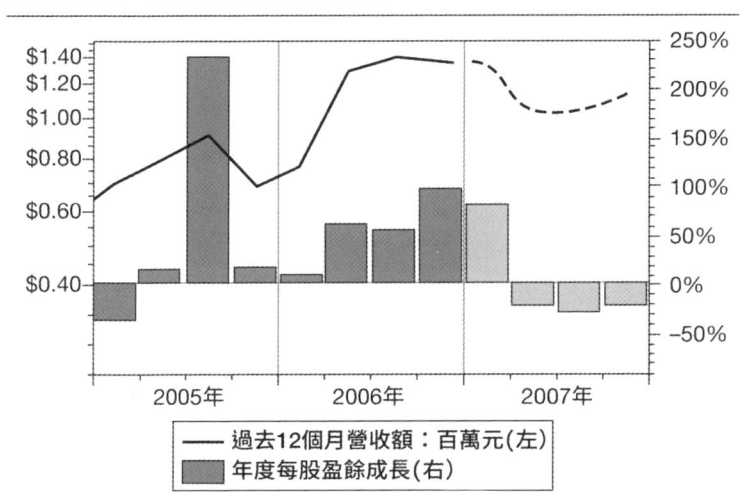

起眼的汽車實際上是部高馬力的賽車。正如圖表 9-2 中所顯示的，中點能源公司在 2006 年的獲利持續增長，其股價也為獨具慧眼的投資者帶來豐厚的報酬。

〚圖表 9-2〛中點能源公司的每股盈餘

——過去12個月營收額：百萬元(左)
年度每股盈餘成長(右)

要瞭解對沖基金和共同基金人員持有大量資金的影響，則可以參見下頁圖表 9-3。這張圖表顯示女性內衣零售商曼黛芬（Maidenform）的每月股價。這家公司的產品或許比能源更性感誘人，但它基本上是一家相當簡單的公司，

沒有太多圍繞著股票的傳聞和興奮感。但是在 2005 年末和 2006 年初，隨著他們的收益增長加速、交易量激增，股價在短時間內飆漲了超過 100％。

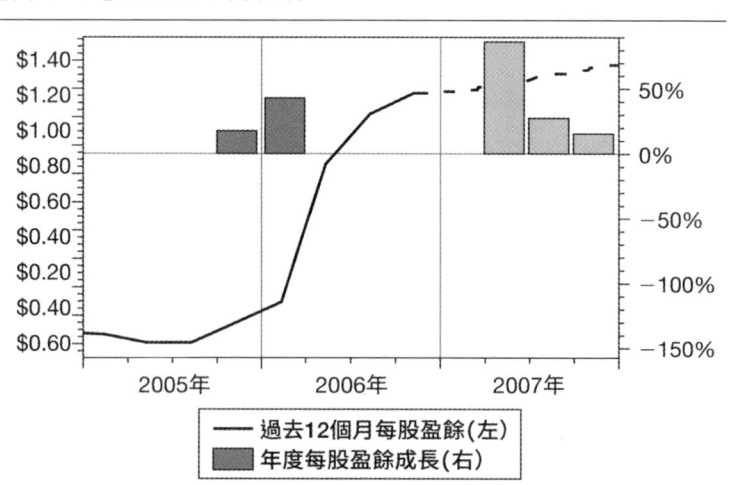

【圖表 9-3】曼黛芬的每股盈餘

```
過去12個月每股盈餘(左)
年度每股盈餘成長(右)
```

‖ 股東權益報酬率 ‖

我們公式中的最後一個變數是「**股東權益報酬率**」。這是個至關重要的數字，也是最受關心的數字之一，而且不僅是我關心，大多數投資者也非常重視。

股東權益報酬率,是衡量管理階層從股東投入的現金中獲得收益的報酬率。這是由淨利潤除以股東權益來決定的,而其中所表達的訊息非常強大,告訴我們公司如何有效利用透過業務所賺到的錢。

　　我喜歡看到股東權益報酬率一開始就很高,然後越來越高。如果股東權益報酬率在增長,就知道管理階層正在進行有效的升級和投資,將進一步提高我的投資報酬。但是如果這個數字下降了,也許這家公司並沒有像我期望的那樣明智地運用股東的錢。

　　一家運用股東資金賺取高報酬的公司,不太可能做出侵蝕公司價值的事情,比如宣布發行新股票或借錢來維持業務運作,這兩種情況對現有股東來說都是典型的負面事件。我想知道公司是否有能力透過日常營運產生所需的資金,而且仍有剩餘現金可以發展業務。要是一家公司的資金投資報酬率很高,就更有可能產生強勁的自由現金流量。

　　一家公司的股東權益報酬率,應該與該產業族群相互比較,而不是拿去和所有股票進行比較。

　　顧問公司可能擁有很高的股東權益報酬率,那是因為它並未擁有真正的資產基礎,所有錢都拿去花在廣告、行銷及開設新的辦事處。但是這些東西不會出現在股東權益

欄位上。所以將顧問公司的股東權益報酬率，拿去和在工廠、土地和原料方面有巨額權益投資的鋼鐵製造商進行比較，實際上並不公平。因此，我們要觀察比較的是同類公司的股東權益報酬率而不要把蘋果與食蟻獸放在一起對照。

我必須再次強調一件事：尋找在市場領先的成長型股票時，你需要使用我們研究過的所有變數來增加你的投資組合。

市場上的潮流變化之快，可能比南佛羅里達州大西洋沿岸的夏季風暴來得更快速。藉由使用所有重要變數，就能確保你在風暴來襲之際已經找到避難所（將投資組合中那些沉重股票統統脫手），並且準備好利用風暴過後肯定會隨之而來的陽光。

CHAPTER 10

瞭解你的超額報酬和系統性風險
Know Your Alpha Beta

「這裡有種祕方,該如何衡量成分。」
There Is a Secret Sauce. How to Measure the Ingredients.

如果世界是個完美的地方，一旦我們擁有一整籃基本面強勁的股票，就可以坐下來，放鬆地看著利潤不斷增加。但現實世界並不完美，華爾街更是如此。

　　市場有兩種特性，可能會對我們的投資組合產生重大影響：首先，股市表現出嚴重精神分裂症患者的所有心理症狀；其次，股票市場是終極的供需市場，對某家公司具吸引力或不具吸引力的看法，會大大影響我們的績效表現。事實上，擁有良好商業模式和利潤的公司，即使是長期贏家，也可能在短期內遭受市場不當及嚴厲的懲罰。出於這個原因，我認為根據風險、報酬特徵、基本面優勢，來持續衡量持股是個相當有意義的做法。

‖ 系統性風險 ‖

　　我研究的第一個風險／報酬測量方法，在數學術語中稱為 Beta 係數。這是單純用來衡量一檔股票如何與市場同步波動。這通常稱為系統性風險（systematic risk），是股票對整個股市基準走勢的敏感度。Beta 係數試圖衡量特定資產相對於整體市場的變動情況。Beta 係數為 1，表示可以預期股票走勢與基準指數走勢一致，而且同步變動。換句話說，如果一檔股票或投資組合的 Beta 係數為 1.10，則表示

該資產在歷史上的波動幅度比市場高或低10%；如果一項資產的Beta係數為0.80，無論是上漲還是下跌，它在歷史上的波動幅度就比市場低20%。

Beta係數是透過統計方法的回歸分析來決定的，試圖確定單一因變數（個股）和一系列其他自變數（股票市場）之間的關係強度。

舉個例子來說，如果股票市場上漲10%，藍籌公司（BlueChip Incorporated）的股價也上漲10%，那麼該檔股票的Beta係數為1，與市場就是完美匹配；如果市場上漲10%，躍新公司（Exciting New Stuff Co.）的股票上漲30%，那麼該公司股票的Beta係數則為3。整體市場的漲跌並不重要，我們只衡量個股和整個股市基準之間的關係。

當我們考慮應該持有的股票類型時，低Beta係數的股票往往是風險非常低、波動性較小的股票，比如電力公司、銀行和大型藍籌股[1]。要是冒險進入更具積極性、不確定性較高的公司時，Beta係數往往會上升。我試著藉由混合匹配度高低Beta係數的股票，來最小化投資組合中的Beta

---

1. 編按：Blue Chip Stock。指某行業中最知名、處重要地位、業績優良、市值大、營收獲利穩定、市場認同度高的大公司股票。

係數,讓整體市場波動對投資組合的影響降到最低。這可望讓我們藉由選擇平衡的股票組合,掌控自己的命運。這些股票基本面穩健、不會受到日常市場波動的過度影響。身為精通數字的人,我喜歡掌有控制(或至少減緩混亂現象),而不是把我的財務命運交給華爾街變幻無常的情緒波動。

‖ 非系統性風險 ‖

我們必須面對的另一種風險,則稱為非系統性風險。在金融領域中,這被定義為與整個股票市場無關的隨機風險。可能是只影響一家公司的新聞,比如下調預期獲利;或是只影響同行業單一公司的情況,比如新的法規或市場限制。

很難防範非系統性風險,所以一檔股票的非系統性風險越高,就越需要分散投資。譬如說,面對流動性較差、非系統風險較高的微型及小型股票,我會採取更多分散投資;面對投資流動性較強、非系統風險較低的大型股票,則進行較少分散投資。為了降低整個投資組合的非系統性風險,我們必須把投資資金分散到不同產業別的股票、受經濟因素影響程度不同的股票,也分散到具有不同 Beta 係

數特性的股票上。

我的投資組合是採用謹慎的衡量方式來構建,這些衡量混合搭配不同的 Beta 係數,盡可能分散非系統性風險。如果要實現「致富」,這種方法就非常重要。因為不希望市場波動、產業或個別公司事件奪走我們這個模型所賦予的巨大潛力,所以我們會在投資組合中選擇基本面強大的公司。風險控管對於實現平順且穩定的報酬有多重要,絕對值得再三強調。

在市場下跌時,Beta 係數可以發揮保護我們的作用。但我最重要的績效衡量標準,也是我的祕密武器,則是 Alpha 值。Alpha 值確確實實發揮了至關重要的角色,讓我能夠在股票市場獲得一定的成功。

Alpha 值是衡量股票價格表現受到非市場影響程度的指標。通常,Alpha 值可歸因於公司強勁的基本面和財務表現。用最簡單的術語來說,Alpha 值就是用來衡量股價高於其最適股市基準的超額報酬。因此,每檔股票都各有一個 Alpha 值和 Beta 值。Beta 值是股價中與整體市場相關的部分,Alpha 值則是超出整體市場報酬的部分。換句話說,也就是所有股票都像狗,但只有 Alpha 值才能讓這隻狗獲選進入西敏寺犬展[2]。

第一次意識到這個非常強大的預測指標，當時我還在大學裡學習金融和市場相關知識，被教導在不增加額外風險的情況下，績效表現不可能超越整體股市的報酬（現在也沒有太大的變化）。當時大多數投資理論都認為，把錢拿去投資與 S&P 500 或其他相關指數相對應的基金，就會得到更好的結果。富國銀行是這種方法的主要倡導者之一，而我很幸運有位來自富國銀行的教授，和學生一起研究效率市場理論。我和其他採用該銀行大型主機實驗的人，提供了非常便宜（其實是免費）的數學計算勞力；而他們則回報大量的股票價格和金融數據給我們。這在 1970 年代可是件大事，因為網路和筆電尚未普及前，要取得這些資料可沒有這麼容易。

　　身為初出茅廬的量化分析師，我最大的專案之一是為富國銀行教授建立一套模型，用不到 500 檔股票來模擬 S&P 500。我試著產出精確的條件，以相同的風險水準和相同的產業權重來反映該指數，精準地追蹤 S&P 500。當我根據 S&P 500 建立第一個由 332 檔股票組成的投資組合時，我驚

---

2. 編按：Westminster Kennel Club。美國頂級犬展之一，始於 1877 年，贏得犬展的全場總冠軍被認為是犬界最高的榮譽之一。

訝地發現這個投資組合意外跑贏了大盤！對於總被教導這是不可能的人來說，這個成果非常令人震驚，所以我開始剖析是什麼造成了這種股市異常現象。

　　由於這個發現，隨之展開了我接下來的職業生涯。在最初的 332 檔股票投資組合中，有一組精選的股票持續大幅度跑贏整體市場，而且在某些情況下甚至風險是相同的，有時還更低。在那一刻，我的職業和投資生涯出現變化。我發現了高 Alpha 值的股票！這些高 Alpha 值股票的走勢往往獨立於整體股市指數之外，而且比其他股票更有可能在未來產生更好的報酬。

　　當我瞭解到高 Alpha 值的股票表現優於市場，並有機會取得遠遠超過投資被動型指數基金所能賺到的報酬時，我就開始研究是什麼因素讓股票產生高 Alpha 值。結果，我發現兩個原因造就這種超常表現：首先，有些股票基本面不佳，專業投資者押注這些股票會下跌而賣空。當他們開始回購股票以鎖定獲利落袋時，這些表現不怎麼出色的公司就會經歷爆炸性的股價反彈上漲。這種情況經常發生在短期股市幾近觸底時，就像 2001 年 4 月、10 月的科技股，就是由於空頭回補反彈而暴漲。

　　產生高 Alpha 值的第二個原因是「買壓」。機構和個

人投資者看到一組股票強大的基本面表現，就會大量買進這些股票。大家都知道，股票市場就如同任何其他市場一樣，會對供給和需求有所反應。需求增加，就會推動股價相對於各別指數越來越高。

‖ 錯用指數，賺不到利潤 ‖

我們從市場專家和大師那裡聽到很多關於高 Alpha 值股票的事情。但令人驚訝的是，很多人完全用錯這個術語。

首先，他們根據 S&P 500 為每檔股票計算 Alpha 值和 Beta 值。但是，如果該股票不在 S&P 500 中，而是在那斯達克綜合指數（Nasdaq Composite）中，較準確的計算方法應該是採用那斯達克基準，或其他與該股更相關、更能精確追蹤的指數。

相關性之所以如此重要，是因為相關性越高，Alpha 值和 Beta 值的統計意義就越顯著。但是如果將一檔股票與相關性低的股市基準進行比較，實際上只會得到不夠可靠的 Alpha 值和 Beta 值。或者，我喜歡稱之為「丟進去的是垃圾，出來的也是垃圾」。

讓我用另一種方式來解釋吧！假設你將一支小型股與 S&P 500 進行比較，實際上是拿吉娃娃和大象相比。牠們可

能都有四條腿和一條尾巴,行為卻截然不同!對於藍籌股指數而言具高 Alpha 值的股票,與動能更強的那斯達克指數相比之下,它的 Alpha 值可能並不高。

我經常看到的第二個主要錯誤,則是分析師使用相對強度並將之稱為 Alpha 值。

相對強弱指標衡量的是一檔股票在任何時刻相對於指數的表現。舉例來說,如果一檔股票與市場基準的相關性為 100%,該基準在一年內上漲 50%,而該股票上漲了 100%,那麼該股票最終的 Beta 係數為 2,Alpha 值則為 0。

我知道你在想什麼:一支股價上漲較全體市場高出 1 倍的股票,Alpha 值怎麼可能為 0?

這很簡單:該股的報酬完全可以用它的高 Beta 係數來解釋,用不到 Alpha 值。從本質上來說,當整體股市波動時,高 Alpha 值的股票往往也會跟著波動。此外,我喜歡把 Beta 係數盡可能保持得很低,就可以減少過度依賴整個股票市場,並藉由觀察每檔股票的表現來控制自己的命運。

換句話說,當整體股市惡化時,高相對強度和高 Beta 係數的股票往往會熄火、崩潰並爆跌。Alpha 值是以較長的時間(追蹤 52 周)來衡量,並且由真正的市場買壓所產

生，所以不受短期價格變動的影響。事實上，我有許多高 Alpha 值股票往往會在市場波動時急轉，出現逆勢變動。

這些就是我對投資成長型股票 Alpha 值和 Beta 係數的論述。正如我們把背誦 ABC 當作學習閱讀和寫作的基礎，學習 Alpha 值和 Beta 值也可以讓我們更清晰地解讀股票表現，並可望因此投資成功。如果我們堅持投資基本面良好、有真正持續買氣的公司、管好我們的 Beta 係數，避免市場波動的過大影響，並且做好分散風險，就能好好實現希望達成的財富積累目標。

當然，你不用自己解決這一切。在本書後續篇章當中，我將會提供你完整的指引。

Chapter 11

不要離經叛道

=== Don't Be a Deviant ===

「在股市中，離經叛道也不會讓你更受歡迎。」
Deviance Is No More Appreciated in the Stock Market Than Anywhere Else in Life.

雖然已經探討了 Alpha 值這個重要主題，也論及風險與報酬，還是必須再更深入研究這些概念。

我經常聽到專業投資者和個人投資者談論風險與回報的關係，卻很少有人能提供深具意義的方法來衡量這兩者。有些人會指出哪些價位屬於低價格高風險，或指出他們認為價格會漲到哪裡，但這種指引是非常糟糕的。身為重視數字的人，我知道肯定有更好的方法可以量化並衡量風險和報酬。所以我開始尋找答案，並且相信我已經找到了。

我不想讓大家覺得我是個數學怪咖，但還是有必要稍微解釋一下。量化分析只是將數學理論應用於股票價格的變動。我們可以繪製股票走勢圖表，並應用一系列統計測量來瞭解價格如何與潛在的市場力量相互關聯。

‖ 風險報酬率 ‖

在前面的章節中，我已經介紹了 Alpha 值和 Beta 係數的概念，以及它們如何衡量每檔股票相對於適當股市基準的走勢。

現在，我要介紹另一個角色。這個角色有點陰暗、有點可疑，它代表著持有成長型股票時需要避免的過度風

險，可以用標準差或統計變異數來衡量。「標準差」指的是股票在其交易區間內波動的程度。當一檔股票的價格波動過於劇烈、難以預測或不穩定時，顯然是壞事即將到來的跡象，需要避開。而標準差和我的風險報酬衡量方法可以幫忙發現。

在基本形式中，我們將一檔股票的 Alpha 值（與股票市場無關的收益，通常來自於買氣）除以它的標準差。就像計算所有統計指標一樣，我們用 52 周來衡量這一點。任何比這更長的時間架構，基本上都是太久遠了，會使結果變得沒有意義。華爾街許多量化分析師採用 5 年風險與回報作為衡量標準，但我認為這太長了。5 年前的價格變動與今天有什麼關係？時間離現在太遠，會變成在不同經濟和市場環境中衡量走勢，對現今的股價影響不大。我的計算方式得出一個數字，我將之稱為風險報酬率（reward/risk ratio），並用以決定我的量化評分。風險報酬率高的股票，往往是風險較低的股票，正在穩扎穩打地以平穩且一致的方式獲取超額報酬。這些就是我們想要擁有的高量化等級股票。

我們每個周末都會為資料庫中的每檔股票重新計算這些風險報酬率（如 Alpha 值、Beta 係數、標準差等）。這裡

頭差不多有 5,000 檔股票。任何在過去 52 周內每天交易達 5,000 股的股票，都有資格進入這個資料庫，因此流動性差的股票和首次公開發行的股票會被排除在外。

為了讓最好的股票一直保留在我們的投資組合裡，必須非常勤勞地確認報酬和風險評等何時發生變化。有時候會看到一檔股票在很短的時間內急遽上漲，這時風險評分會逐漸惡化，必須賣出這檔股票。我們之前認為表現良好的能源股就是這種情況。即使它們的價格繼續上漲，我們還是開始賣出，因為這些股票已經變得太不穩定，不宜繼續持有；另一方面，有時候一檔股票會因為未能實現獲利目標，或因其他一次性事件而遭受重創後才穩定下來，此時它的風險就會遠低於股價下跌前的水準。

傳統觀點認為市場是有效率的，只有承擔額外的風險才能獲得額外的報酬。但是藉由專注在高 Alpha 值和低標準差的股票，我們實際上可以魚與熊掌兼得，以更低的風險獲得額外的報酬。

但是我衡量報酬和風險的方法是獨一無二的，而且特別在於我們使用時間框架來測量標準差。我們發現，52 周是進行這些每周研究的最佳時間範圍。因為股票市場具有許多的季節性特徵，例如 1 月效應[1]、5 月賣出並離場[2]、逢

假日先賣出等等。經過我們不斷持續進行或長期或短期的試驗，52周毫無疑問經得起時間的考驗。

我知道你會覺得：「這對你來說當然很棒。你擁有高等數學學位，50名員工，還有大量的頂級運算能力。」也許你只有一個英文學位、一台筆記型電腦（卻被10幾歲的女兒占用，只要她醒著的每分鐘都掛在社群網站上），或者你有個12歲的兒子，他的《傭兵戰場》（*Soldiers of Fortune*）遊戲已經到了第903關。你怎麼可能完成所有計算，並確定自己投資組合中股票的風險報酬？

回答就是，你可能做不到。這就是為什麼你需要這本書。

不過，先讓我向大家展現風險報酬率的力量，以及它如何讓你獲得更多、更安全的利潤。

---

1. 編按：指股票市場上，1月的投資報酬率往往高於其他月份，股市也總是升多跌少。
2. 編按：出自美國諺語：「Sell in May And Go Away。」因為自4月中下旬起，美國企業陸續公布前一年度財報表現，投資人觀察財報後陸續獲利了結離場，因此每年5月前後美股往往開始轉弱。

‖ 從風險報酬評估買賣時機 ‖

　　值得注意的是，當我們衡量報酬或 Alpha 值時，要尋找具有真正 Alpha 值並且走勢不受整體股市影響的股票，才不會過度依賴整個股市的表現來取得獲利。有時候股票會因為空頭回補、被華爾街炒作和吹捧而上漲，但這些都不是我們想要的股票。我們希望持有基本面良好、能夠吸引機構投資者持續買進的股票。希望你花些時間想想這個觀點。

　　根據美國投資公司協會（Investment Company Institute）的網站，光是美國的對沖基金就有超過 10 兆美元的資金，指數股票型基金則約有 1 兆美元。對沖基金的資金雄厚，還會利用其他金融工具來控制更多資金，提升購買力。前面已經提到，華爾街有種從眾本能，一旦有檔基本面良好的股票開始受到大型基金的注意，把驚人的現金投入時，它就會開始以相當穩定的速度一周接著一周地不停上漲。隨著一檔股票受到越來越多的注意，越來越多資金都轉移到這檔股票上，股價就會平穩上漲。高 Alpha 值股票的重要特徵，就是它可以創造出如此強大的買氣，以至於能無視市場的波動。因為當大戶們想買股票，不管股票市場每天波動多大，他們都會買進。所以即使在股市下跌的時候，高 Alpha 值的股票也會經常上漲。

當股價開始變化時,會呈現非常平穩的走勢。我們認為這類股票本質上是非常保守的。像 eBay 和 Google 這樣的股票開始大幅上漲時,許多專業投資人士都認為它們屬於高風險股票。但是坦白說,在這兩家公司的早期營運階段,比如 2003 年的 eBay,或 2005 年被納入 S&P 500 前的 Google,在我的系統裡都顯示為安全標的。因為這些股票面臨著強大的機構法人買氣,創造出高 Alpha 值和低波動性。這些股票具有很高的風險報酬特性,因此獲得我們的量化 A 級評等(強烈建議買入)。

我們的研究還顯示,eBay 和 Google 的股價分別於 2003 年和 2004 年飆升時,除了具有良好的風險報酬特性,就連基本面的評級也很高。因此,我們將 eBay 和 Google 早期各自上漲的階段歸類為保守型股票。隨著彈升漲勢持續,因為這時風險已經變得更大了,所以風險報酬率有所下降。這種情況,通常會出現在機構投資者對某支熱門股票的買壓變得不穩定的時候(這正是 2004 年、2005 年 eBay 和 Google 分別遭遇的狀況)。當時我們將這兩檔股票的量化評級下調至 B 級(買入)。我們認為,發生這種情況的時候,表示股票的風險具有適度積極性。最終,隨著 eBay 在 2005 年初衰退,其風險很快就被我的系統重新歸類為積極

型,隨後又被量化降級為 C 級(持有),然後是 D 級(賣出),最終到了 F 級(強烈建議賣出)。

這裡的有趣重點是:eBay 在 2005 年初倒閉,主要是因為負責確定哪些股票可以構成 S&P 500 指數的麥格勞希爾公司[3]人員決定減少 eBay 的權重(以及 S&P 500 指數中其他 99 支最大的股票),藉由所謂的自由流通調整,將全部的內線持股排除在外。具體來說,從 2005 年 3 月中旬到 9 月中旬,S&P 500 指數中最大的 100 家公司表現欠佳,都是因為這 6 個月的指數基金必須相應調整其持股,使得這些公司持續承受機構法人的賣壓。而我的量化評級也發出提醒:S&P 500 指數的自由流通調整,已造成機構買家的拋售壓力。諷刺的是,Google 之所以沒有受到影響,是因為當時他們還沒有成為 S&P 500 指數的一部分。

‖ 為什麼從 A 級掉到 F 級?‖

我希望大家現在更加理解一檔股票的生命周期,也知道它在我的股票量化評級中是如何變化的。現在被視為 A

---

[3]. 編按:McGraw Hill。為標普全球股份有限公司〔S&P Global Inc.〕前身,於 2016 年改名。

級的保守型股票（強烈建議買入），會隨著機構投資者買壓變得更加飄忽不定、隨著時間推移而波動更加劇烈，然後通常會被重新歸類為 B 級的風險適度積極型股票（買入）。最終，隨著機構買壓消散，就會迎來量化 C 級的評級（持有）。而那些持續受到機構拋售賣壓的股票，則常常被量化評為 D 級（賣出）或 F 級（強烈建議賣出），並且被歸類為風險積極型股票。

「請朋友來喝雞尾酒」，則是另一種譬喻，可以解釋股票為何從 A 級跌至 B、C、D、F 級。

如果你的朋友只喝了一杯啤酒，那麼他很有可能沒事，走路或開車回家也沒有什麼風險；然而，如果他喝了二～三瓶啤酒，他的行為可能會開始有點不穩定，你可能得送他回家或拿走他的車鑰匙；如果他在你不注意的時候喝光冰箱裡的所有啤酒，還偷偷喝了幾杯蘇格蘭威士忌，他的行為可能會變得越來越難以預測，可能完全無法走直線（如標準差）。

再舉個現實生活中的好例子。讓我們來仔細看看 2003 年至 2005 年的 eBay。

2003 年 3 月，eBay 成為我們投資組合中的買入標的。在所有基本面變數上，它都有很高的分數，風險報酬率顯

示它可能帶來極佳的獲利。在我的股票評等系統中，這檔股票也一直是 A 級。進入 12 月後，賣壓減弱了，大筆資金開始回流 eBay，讓它在當月再次拿到 A 級評分。隨著大型基金投入更多資金到 eBay，該股一路狂飆，迅速上漲了近 40％。直到 3 月，評分再次下滑，一直到 5 月份都維持在 B 級。隨後，基本面繼續出人意料地走高，讓資金又大量湧入，股價在兩個月內上漲了 25％。那些在投資組合中只持有 A 級股票的人（而且不用考慮資本利得方面的稅賦），投資 eBay 的報酬相對平穩。持有 A 級和 B 級股票的保守型投資者，在兩年投資期內的資產翻了 1 倍。隨著評等繼續下滑，我們不再於投資組合中推薦這檔股票，並賣出持股。如圖表 11-1 所示，一旦該股從 C 級降至 D 級，拋售壓力就取代了買入壓力，導致股價迅速下跌。

利用這些重要的量化工具，可以讓你從其他成長型投資者中脫穎而出。你辛苦賺來的錢，不能只根據基本面來投資，要是如果沒有人買該檔股票，股價可能停滯不動。更糟糕的是，制定 S&P 500 指數主要股票的人，可以藉由調整指數來操縱股票（而且他們三不五時就會這樣做）。高量化評級通常顯示有機構投資者的買壓，這點對獲利是至關重要的。很顯然地，你必須時時刻刻都知道自己在風

險報酬周期的什麼位置上──eBay 就是很好的例子。這家公司徹底改變人們購買東西的方式，還幫數百萬人透過清理車庫和閣樓獲利，甚至還有人辭掉工作，專門在 eBay 上銷售商品。就連書店商業區的書架上，也擺滿教人如何在 eBay 上賣東西的書。eBay 毫無疑問是間深具革命性的公司，但如果那些負責維護 S&P 500 指數的人想消減 eBay 的權重，或是增加 Google 的權重，他們就能操控這些股票的價格。

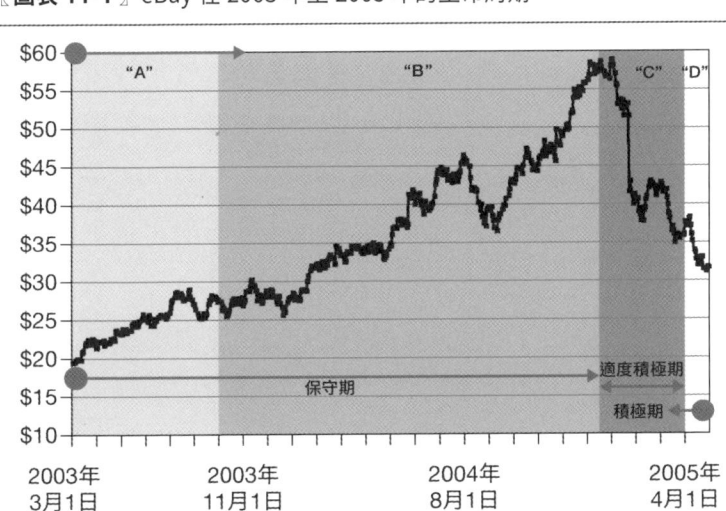

〖**圖表 11-1**〗eBay 在 2003 年至 2005 年的生命周期

不管你多看好某間公司，總是可能會有風險太大的時候。世界各地的機構投資者都有從眾心理，如果大型機構投資者搶著賣掉一檔股票，該股的風險報酬又比較差，量化評級還在 D 級或 F 級，你可能就會被它們碾壓。購買這類型的股票，就像在西班牙潘普洛納奔向牛群一樣[4]，你一定會被踩扁的！身為西班牙巴斯克人的後裔，我喜歡隨波逐流，而不是逆流而上（或者一頭栽進猛衝過來的公牛群中）。

　　當大型機構拋售股票以鎖定獲利，或為了美化季度報告而開始調整投資組合時，都應該要離得遠遠的。當強大的買壓力道減弱，眾人開始大量拋售時，量化評級就會下降。這是因為波動性會變大（即標準差變大），風險跟報酬也會越來越差。

　　不論是哪種情況，你都不會想等到最後再賣出持股。世界上最糟糕的感覺之一，就是持有像 eBay 或半導體公司高通（Qualcomm）這樣的好股票，明明股價都翻了一倍，最後卻把所有獲利都吐了回去。如果你仔細觀察一檔股票

---

4. 編按：每年 7 月 6 日至 14 日，都會在小鎮潘普洛納舉辦世界知名的奔牛節。

的機構買壓及其相關的風險,就會知道什麼時候該脫手賣出。只要這樣做,就很少會在錯誤的時間點賣出股票。

Chapter 12

之字型投資法
The Zigzag Approach

「朝不同方向前進,保持獲利正軌。」
Go in Different Directions to Stay on the Profit Track.

要組合成長型股票時，我會嘗試做一件更重要的事情——中和投資組合的市場風險（Beta 係數）。要做到這一點，最大的工具就是我這種數學怪咖稱之為「共變異數」的東西。用外行人的話來說，就是我會試圖找到與其他股票逆向波動的股票（就是「當其他股票漲時會下跌、其他股票跌的時候會上漲的股票」）。

在統計學中，共變異數用於衡量兩個獨立變數在一段時間內如何相互關聯；在股票市場中，共變異數則用來描述兩種股票在不同的時間範圍、不同類型的市場環境中，兩者會如何相互變動。我稱這種投資方法稱為「之字形投資法」。具體來說，我希望自己的投資組合中，有些股票能隨著市場和經濟事件的變化順勢波動，有些股票則會隨著同樣的消息逆向波動。

‖ 別遺漏逆向變動的股票 ‖

由於我是數字迷與電腦怪咖，所以我使用優化模型來幫我找到在市場波動時逆向變動的股票。具體來說，優化模型會分析一堆股票（亦即電腦螢幕上的曲線），並試圖找出如何以最佳方式組合這些股票，而且風險盡可能越低越好（即形成平滑的線）。雖然電腦計算能力可以幫點忙，

但最後實際上都歸為常識：投資組合應該分散在不同產業和風險類別。

當你篩選完，並列出一張基本面良好且具有高報酬風險特性的股票清單後，就要將它們混合搭配，選出最好的股票買進。如果你發現篩選出來後，很多股票都屬於同個產業，就從其中挑選出最好的幾檔股票，然後再選一組對市場和經濟狀況有不同反應的其他產業股票來抵銷。

讓我們來看看這個例子，說明你可以如何做到這一點。

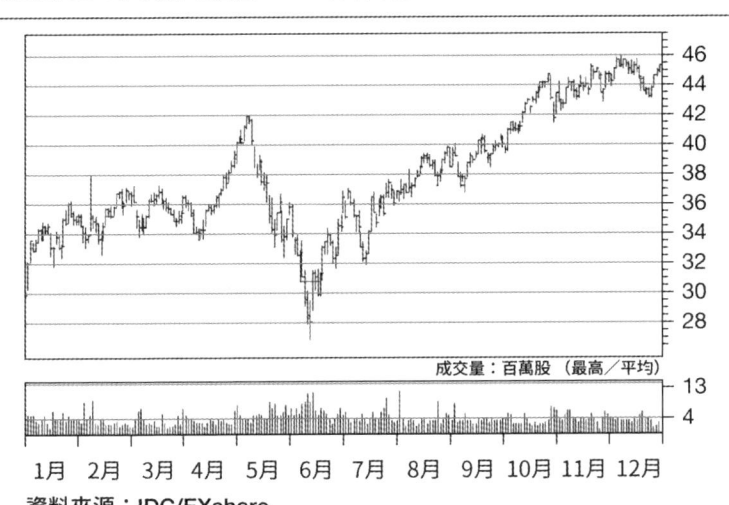

〔圖表 12-1〕美洲電信在 2006 年的表現

資料來源：IDC/EXshare

對我們來說，美洲電信是個不錯的選擇。它一直是支好股票，我也認為它會在短時間內保持強勁。這支股票主要會受拉丁美洲相關事件和手機產業的具體情況所影響。如上頁圖表 12-1 所示，隨著事件展開，該股在不斷攀升的過程中出現大幅波動。

我發現的另一檔股票則是石油服務公司斯倫貝謝（Schlumberger）。其價格則受到與石油勘探和鑽探細節相關的新聞與事件，以及與石油價格相關的地緣政治事件所影響。圖表 12-2 顯示出這支股票價格如何隨時間變化，以及如何對產業和公司特定事件做出回應。

最後，來看一下 Google（圖表 12-3），過去幾年的主要科技股。它的股價會受到搜尋引擎產業事件、網路廣告收入變動的影響。與其他兩檔股票一樣，它的股價也會根據影響科技股的事件而波動。

如果你每天都留意股票價格的日常波動，可能會讓你就像某個財經電視脫口秀主持人一樣，在房間裡蹦來跳去、敲鑼打鼓、亂按門鈴。這樣做雖然很有趣，卻未必能讓你變有錢。但是，讓我們把這三檔高報酬、高波動性的成長型股票視為一個投資組合（如圖表 12-4）。這三檔股票各別會在不同時間向不同方向波動，但是組合在一起時，

〖**圖表 12-2**〗斯倫貝謝在 2006 年的表現

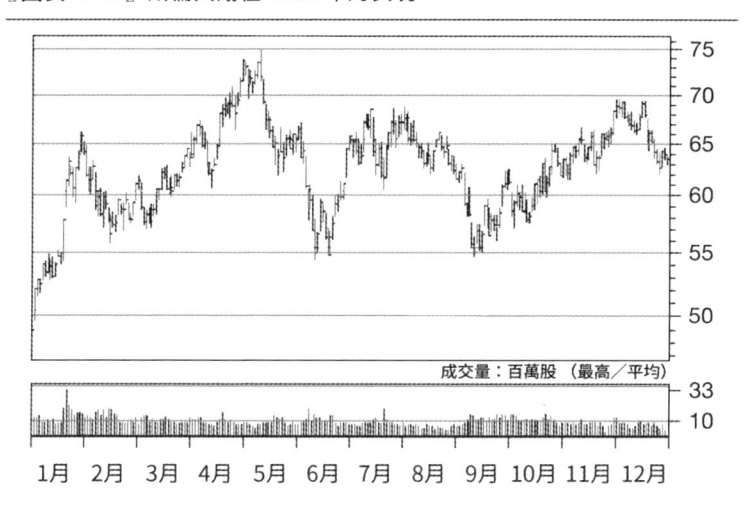

〖**圖表 12-3**〗Google 在 2006 年的表現

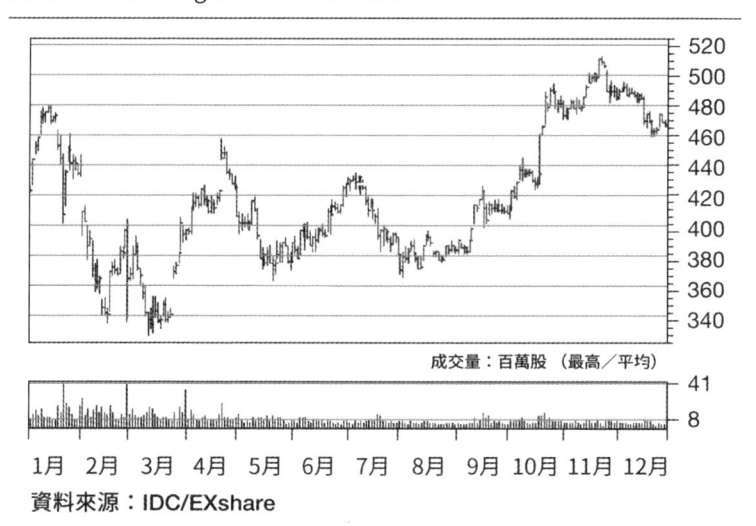

資料來源：IDC/EXshare

CHAPTER 12 ｜之字型投資法

[**圖表 12-4**] 結合美洲電信、斯倫貝謝與 Google 的投資組合表現

整體表現的曲線卻比各別單獨存在時平滑許多。

我們尋找的就是這樣的股票組合,以及由此產生更平穩、波動更小的曲線,這將使我們致富。

當你組合出能致富的成長型股票,請務必牢記「之字形投資法」。尋找混合搭配股票的方法,讓你的投資組合盡可能遠離特定市場的風險。譬如說,要是你的投資組合中有很多在經濟強勁時表現良好的零售股票,就也盡可能持有在經濟放緩時表現良好的股票。在這種情況下,藥品、

公用事業和食品股,可能會是不錯的選擇。

‖ 60／30／10 組合 ‖

堅持投資成長型股票這個基本原則是很重要的。尋找不同產業的公司,就可以建立之字形的投資組合,但首先要確保你選擇的股票具有強大的基本面和良好的量化評級。

舉例來說,影響科技股的情況與影響金融公司的情況完全不同,所以如果你有 Google,可能會想增加跨國銀行與金融服務公司高盛(The Goldman Sachs Group, Inc.)的股票,這樣才能把之字形投資法的效應巨大化。根據我的資料所顯示,這兩家都是很棒的公司,在基本面和量化特徵上都優於 2007 年年中表現超群的股票,但它們對市場和經濟狀況的反應不同。因此,它們相互之間呈之字形走勢(彼此呈現上漲和下跌的交替走勢),有助於平緩整體投資組合的波動性。

當我要求我的優化模型以盡可能低的波動性(如標準差)實現高報酬時,它通常會建議我 60％投資於保守型股票、30％投資於適度積極型股票、10％投入積極型股票(我以這種方式在每月電子報中整理出我的購買清單)。我的 60／30／10 組合提供了更平順、也更穩定的報酬。

之字形投資法的另一個層面，是在投資組合中找到並持有我喜歡稱之為「綠洲股」的股票。當市場和全球出現全面性災難時，這些股票能脫穎而出。我偏好持有基本面和量化評分很高的防衛型股票，因為它們在政治危機、伊朗核武挑釁等國際緊張局勢時，往往表現良好；當經濟進入長期放緩時，食品和煙草類股會一枝獨秀；當股息稅減免法案通過之後，因為大多數股息只徵收15%的稅，因此支付高股息並滿足所有其他標準的股票，也經常在股市下挫時有不錯的表現。

我把這些股票都稱為綠洲股，因為一旦發生不好的事情或出現突發狀況時，我幾乎總能指望它們撐場。我會在投資組合中加入一些這樣具有彈性的綠洲股，來確保當世界其他市場波動時，這個投資組合能發揮平衡作用。

保守型60%、適度積極型30%、積極型股票10%的組合，是保持績效平穩成長、不因過度冒險而脫軌的操作中，非常重要的一部分。當股市疲軟時，60%的保守型股票所展現的彈性，可以抵銷投資組合中積極型股票產生的弱勢；當股市平穩運作時，我們應該能從各個風險類別的組合中獲得平順、穩定的成長；當股市高漲時，較積極型的股票會飆漲，帶來的正面影響遠遠超過它們在投資組合中

的權重,適度積極的股票也應該會超越大盤。

60%、30%、10%組合的美妙之處,就在於這些股票的波動往往會上漲和下跌走勢互補,幫助我們獲取更多、更平穩的報酬。股市行情好的時候,這三個領域都會出現強勁的增長。但在其他時候呢?

這就是混合之美真正吸引人的地方。市場較不穩定的時候,這些股票的 Alpha 值就會出現,綠洲股票則特別能保護投資組合。

在成長型股票投資組合中混搭非同步波動股票,可以確保我們的股票因其優秀的基本面、高量化評級帶來的機構買盤而獲得報酬。即使在股市疲軟的時候,大型基金也有需要投入的資金,這會顯現在量化等級上頭。藉由在不同產業族群和風險之間擁有多元化的股票,並增加一些綠洲股票,就可以利用股票市場的低效率特性[1]。

1990 年代末,我們看到放任市場的風險,以及過度押注在單一股票(即科技股)導致投資組合被主導的後果。

許多年輕的基金經理人非常相信科技革命,以至於

---

1. 編按:股價有時與其真實價值不符,可能被高估或低估,因此以過去價量為基礎來技術,預測效果將會十分不準確。

配置過多非常積極的股票。即使是那些過去相當保守的基金，也充斥著科技股。他們從未意識到自己所做的一切，都是錯把 Beta 係數或市場本身的報酬當成高 Alpha 值。高 Alpha 值其實是來自基本面良好、真正存在機構投資者買壓的股票。

所謂的之字形投資法，就是利用這種互補效應，混搭不同產業的高排名股票，再加上一些綠洲股，並且按照我建議的 60／30／10 比例加以組合。這才是持續獲利並平順穩定成長的關鍵。

CHAPTER 13

組合在一起

== Putting It All Together ==

「在最佳時機找到最佳股票的公式。」
A Formula for Finding the Best Stocks at the Best Times.

來談談如何找到能獲利的成長股吧！

我們會尋找那些在每個基本面變數上都獲得高分、能賺到大量現金、受機構投資者注意的股票。聽起來很簡單，但是，要編製出這份清單卻不容易。不過，只要費點勁（更確切一點，應該是動動食指，因為這需要點擊滑鼠很多次），還是做得到的。我在 1970 年代開始分析與選股時，能夠取得基本面和價格資料的管道非常有限。挖掘資料、輸入數據是艱鉅的工作，更受限於沒有電腦能完成工作。我很感激富國銀行當時需要學生免費幫忙做事，更好心地讓我隨意使用他們的電腦！

到了今天，我們可以更容易找到符合要求的股票。你現在使用的筆電計算能力，可能比我們當時堆滿一整個房間的電腦計算能力還要強。而且，由於網路的普及，現在的你也可以非常快速地取得數據。聯邦法規經過多年的發展，也讓我們幾乎可以即時取得公司發布的資訊。

因此，我們的搜索工作將從篩選「具有高速成長股基本特質」的股票開始。篩選股票，只要從大約 5,000 檔股票中挑選出基本面符合要求的股票，而有不少網站都提供免費且方便使用的股票篩選程式。不僅可以讓你尋找股票列表，還可以看到分析師提高預測、獲利驚喜、營收迅速成

長等資訊。你可以搜尋多個變數,也可以一次只搜尋一個變數。

我建議大家試著混合並配對篩選程式中的變數,看看每種組合會出現什麼類型的股票。舉個例子來說,我試過一個主要的股票篩選程式,混合搭配了幾個變數。結果發現:透過篩選年營收成長超過20％、年盈餘成長超過20％、獲利驚喜超過5％的股票,可以列出260檔股票,其中許多都已經在我的通訊投資組合之中了;要是只篩選過去兩個季度中有著讓大家出乎意料的獲利,而且至少有一名分析師上調其評等的股票,則可以列出精簡的30支強勁成長型股票名單。由此可見,只要混合配對幾個變數,就可以生成具潛力的成長型股票贏家列表。

接下來,從列出的這30檔股票開始,點擊任何一檔股票都可以簡單地運用便捷的公司報告形式,查看更詳細的財務資訊。從銷售額到利潤率,再到未來的獲利預測,讓你深入瞭解八個關鍵基本變數的資訊。在公司報告中,可以看到目前有多少現金流量。這個數字不夠多嗎?那就刪掉這檔股票,查看下一檔。公司報告可以讓我們看到利潤率是否有逐年增長,以及分析師預測的趨勢。我們可以逐一檢查每個變數,看看我們的成長型股票候選名單是否經

得起檢視。

‖ 為股票打分數、組合混搭 ‖

一旦檢視過基本面,就開始進行量化評等。

如圖 13-1,假設你的股票清單上有 Apple(AAPL)、Google(GOOG)和埃克森美孚(XOM)這三家公司。

〚圖表 13-1〛Apple、Google、XOM 的評等範例

股票代碼公司名稱	總體股票評級	量化評級	基本面評級	營收增長	營業利益率增長	獲利增長	獲利動能	獲利意外	分析師收益修正	現金流量	股東權益報酬率
AAPL Apple Inc.	B	A	A	B	B	B	A	B	A	A	C	A
GOOG Google Inc.	B	B	A	A	A	A	C	A	A	C	A
XOM ExxonMobil	B	B	A	B	F	B	B	C	B	B	B	A

圖例:A=強烈建議買入／B=買入／C=持有／D=賣出／F=強烈建議賣出

我的做法是將每檔股票的評等都以字母分級顯示:A(強烈建議買入)、B(買入)、C(持有)、D(賣出)和 F(強烈建議賣出)。如此一來,就可以確認每檔股票的基本面強度,因為八個關鍵變數都有明確的評等。除此之外,還能列出綜合的基本面評級。

經常有人問我：「怎麼可能有股票在幾個變數上被評為 C，基本面整體評級卻仍然是 B？」記住！華爾街唯一不變的就是變化，所以在不同的時間點，就會賦予不同變數較高的權重，這是根據華爾街當下情況的運作。

整體公式中真正賺錢的關鍵——量化評級（見圖表 13-1），是用來衡量有多少買壓流入股票的最重要指標。這對我們來說極為重要，不僅能確認我們相中的這檔股票是否擁有良好的買氣，還能決定我們是否應該買入這檔股票。

現在，把整個公式組合在一起吧！想知道是否該買入或賣出任何特定的股票，就用 30％的基本面評級＋70％的量化評級，來計算出股票的總評級結果。這個結果可以清楚說明你是否應該在某個時間點買入、賣出或持有一支股票。

讓我們回到這 3 檔股票，也就是 Apple、Google 和埃克森美孚。圖表 13-1 顯示出，對 Apple 的建議是強烈建議買入，Google 和埃克森美孚則都是買入。

但是先等等，我們還沒有完成，還有重要的事情得做，畢竟這章的名稱叫作「組合在一起」。

你現在知道如何找到好股票，手邊也有了明確的買入／賣出／持有建議。但是，一旦找到所有優秀的成長型股

票,同樣重要的是也知道如何將它們融入成為最佳的投資組合。

多年來,我投入大量的時間和精力來尋找正確的股票搭配,以便建立最佳的投資組合。因為每個人的需求不盡相同,有些人可能比其他人更願意承擔多一點的風險,所以我建議初學者從 60 ╱ 30 ╱ 10 的投資組合著手。具體來說,就是你的投資組合中有 60％投入保守型股票、30％放在適度積極型股票、10％投資積極型股票。這會是個最佳組合,能在不必承擔過度風險的情況下獲取穩定的報酬。在我的評比工具中,任何已評級股票下方的股票報告都會連結到一份報告,並在最上方找到清楚的風險類別標籤(見圖表 13-2)

〖**圖表 13-2**〗這檔股票是保守、適度積極還是積極型?

股票報告

資料庫更新日期:2007 年 5 月 29 日

XOM 埃克森美孚公司(Exxon Mobil Corp.)　　Print Report

產業分類:能源
子產業:石油與消耗性燃料　　　　　　　　上週總體評級:B
風險類別:保守型　←　　　　　　　　　　本週總體評級:B
投資建議:買入

保守的股票擁有最穩定的買氣，所以波動會比積極型的股票小得多；因此，在這個最佳組合中，保守型股票占有主導地位，比例高達 60%。

　　積極型股票可以占投資組合的 10%。握有風險較高的股票，當市場開始上漲時，這些股票可能會飆升到荒謬的高價；當市場開始下跌時，60% 押注在較保守的成長型股票則有助於抵銷較積極型部位的波動。我也認為，你的投資組合中應該至少要有 12 檔股票，降低公司特有風險的影響。同時，我也建議以相同的金額投資每支股票，而不是主觀地調整投資組合的權重。

　　假設你總共找到 15 檔股票，每檔股票的總評級都是 A 或 B，那麼你的目標就是：握有 9 檔保守型股票、4 檔適度積極型股票、2 檔積極型股票。請記住我前面談到的之字形投資法，在不同的產業和行業之間進行混搭。

‖ 更多具體的建議 ‖

　　現在你已經知道如何找到 A 級和 B 級股票，也明白如何將它們混搭成最佳投資組合。大多數投資者接下來問我的問題會是：「購買股票時，你有什麼具體的操作方法嗎？」

如果稅務對你是個問題，你也想持有股票來獲取長期資本利得（例如持有超過 12 個月），我會建議你購買 A 級和 B 級股票。但是請記得一件事，為了獲取長期資本利得，即使這些股票跌至 C 級，你有可能得一直抱著不賣掉。

　　A 級股票的評級通常只能維持 4 到 5 個月，B 級股票則可以維持較長時間。我管理兩份考慮長期資本收益的電子報，所以我們偶爾會持有一些 C 級股票。因為 C 級是持有而不是賣出，所以都是還可以接受的狀態。即使是走勢強勁的股票，有時也得緩下來，在眾所矚目的漲勢中暫時回落至 C 級。

　　投資者也經常問我是否應該止損。考慮到股價每個月都會劇烈波動，許多投資者認為可以透過止損來降低風險，要求券商在股價跌至某一價位時自動賣出持股。

　　如果你是個長期投資者，我的答案是「不」，絕對不要這樣做。我非常反對長期投資者採用止損策略。這對於長期投資者來說是適得其反的做法，會讓你在股價短暫下跌時拋出好股票，還經常讓你無法獲取長期資本利得。

　　911 事件後市場暴跌，很多人都拋售手中持股，這些投資者現在可能都自責不已。在我的長期投資組合中，我希望盡可能做到節稅，而止損就算並非完全無法節稅，也

會讓你難以實現節稅的目標。就算已經持有股票11個月又28天,一旦執行止損,原本潛在長期收益只會課徵15%的稅,現在卻變成短期投資,必須按照最高稅率課稅。

要防止市場或個股波動,最好的辦法就是根據之字形投資法進行互補,並利用60／30／10組合選擇分散投資的好股清單。即使出現短期波動,我也發現基本面較好的股票和強勁的買氣會有所反彈,特別是當我們進入財報季的時候更是如此。

然而,如果你沉迷於觀看全球廣播商業新聞電視台（Consumer News and Business Channel, CNBC）又很熱愛交易,你可以使用止損機制。事實上,我確實在我的每周交易服務中使用過止損。我根據每檔股票的潛在波動性（即標準差）來計算止損點,這就是我設定每周止損點的方法。因此,請仔細設好止損點。如果止損點距離當前股價太近,最終只會讓你更加沮喪,並因為交易過度而疲於奔命。

這裡,我應該補充說明一下:不管在任何情況下,我都不建議在交易量稀少的股票上使用止損機制。這些股票經常像兔子一樣跳動,有時靜止不動,有時又突然跳躍,令交易人十分沮喪。下頁圖表13-3就描繪了一支兔子股（DXP Enterprises, DXPE）。

你能想像交易這支股票會令人多麼挫敗嗎？你必須買進並持有這類股票，才能從其潛在成長中獲益。

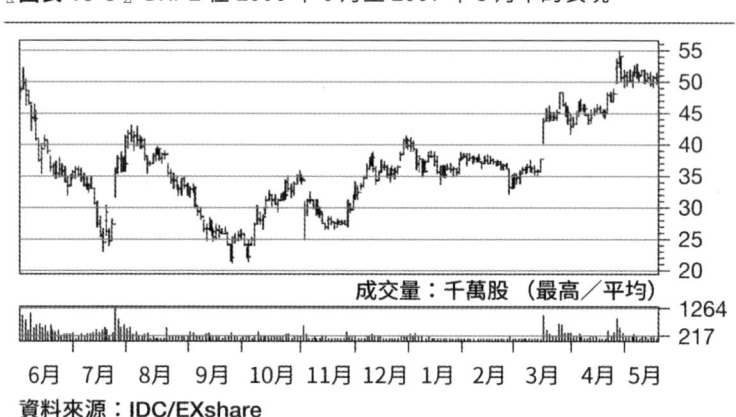

〖圖表 13-3〗DXPE 在 2006 年 6 月至 2007 年 5 月中的表現

資料來源：IDC/EXshare

‖ 沒有人能準確預測股價 ‖

我還要補充一點：我不會為自己推薦的股票設定長期目標價格。但是，我在四份電子報和交易服務中，都會確實設定近期的買入價格上限，藉此避免在股價突然上漲、過度上漲時還追買股票。

我個人認為，基於某些估值猜測或採用圖表上的某一

點來設定目標價格,是向大眾推銷的花言巧語騙術之一。數以百萬計的投資者在全球金融市場上移轉數萬億美元,才能構成現在的樣貌。要說自己可以準確預測這些資金如何流動、資金可能會把股價推到多高,都是荒謬的說法。我認為沒有人能準確預測一檔股票會漲到多高。如果我們有一家基本面良好的公司,就知道這檔股票有很大的機會表現得非常良好。因此我們應該持有這檔股票,直到其基本面變差或買氣減弱。

我從事這個行業多年,我獲利的股票翻了 1 倍、3 倍、4 倍,甚至是 10 倍以上,但是我還沒有辦法提前知道一檔股票會漲到多高。如果我選了一檔股票,上各家財經節目設定比目前交易價格高出 200% 或 300% 的目標價,每個人都會認為我瘋了。

什麼時候該賣掉股票?

談了這麼多關於買股票的事情,知道什麼時候賣掉股票也是同等重要的事情。如果我們把一檔股票評比為 D 級或 F 級,那麼就是時候該賣出了。不要給自己時間讓情緒介入,只要賣掉它,繼續投資,因為現在該是買進更好股票的時候了。

繼續持有 D 級或 F 級股票的風險,遠遠超過其潛在

可能的報酬。請仔細監控你的投資組合。不要和你的股票談戀愛。我經常聽到投資者不想賣掉長期為他們帶來巨大收益的股票，想要永遠持有，或是不想為收益納稅。首先，按照目前的長期資本利得稅率只有15%。在賺錢的股票變成虧錢之前，繳納一點稅總比虧錢還要繳稅好。再來就是：股票不會回報你的愛，它們只會對基本面和買氣及賣壓有所反應。對一檔股票抱持著浪漫戀情或父母般的疼愛，根本無法讓你取得對等的報償。

這一章是本書中非常重要的一章。不僅解釋了基本面和量化公式的基本方法，也提供了一些工具，幫助你找到能夠創造最佳機會實現驚人成長的股票。

投資並不一定很容易，但也不是太困難，每周花幾個小時來尋找新想法並監控投資組合就好。後續篇章還有更多關於監控的內容，但現在你已經掌握作為成長型股票投資者的基本工具。

找到優秀的股票、將它們組合成強大的投資組合，將可以使你步上快速獲利的道路，大大地幫助你提高報酬。

CHAPTER 14

量子跳躍
Quantum Leap

「如何從精英級的超級股票中獲得驚人的報酬。」
How to Reap Spectacular Returns from Elite "Superstocks."

我管理投資組合,是為了獲取能節稅的長期收益;有些投資者喜歡更激進的做法,不太關心稅務的影響和頻繁交易的成本,但這種管理方式其實需要花更多時間。

如果你願意處理增加的交易、面對稅務的影響(如果你是在個人退休金帳戶〔IRA〕這類可以遞延稅務的帳戶中進行交易就更好了),那麼我可以提供一個積極的策略。這個系統的交易頻率確實比一般帳戶更多,但絕不是當日沖銷系統。我們已經計算過,你的帳戶大約需要20萬美元來進行這類交易。如果你符合這些條件,以下就是我發現過最強大的股票投資方法。

數字和股票市場深深令我著迷,因此我花了很多時間研究這些主題,特別是尋找如何使用數字和量化分析來讓投資的績效表現更好。幾年前,在我們的日常研究中,我和我的員工發現了一些本該顯而易見卻從未想過的事情:我們發現,那些基本面得分為A級(強烈建議買入),並在所有基本面類別中平均排名前20%的股票,是真正的超級明星。這組獨特的股票周轉率[1],比我們一般的節稅股票

---

1. 編按:指在一定時間內,市場中轉手買賣的頻率,可反映股票流通性的強弱。

還要高出許多，但是報酬確實很驚人。

此外，市場表現似乎也不太會影響到它們。這些股票以平順、穩定的方式上漲，幾乎像是毫不在意整體股票市場一樣。從1998年到2003年，股市歷經自大蕭條以來最嚴重的熊市，但是這些股票的年報酬率卻能超過50%。在我將近5,000檔股票的資料庫中，這些股票排名居前1%。它們過去的表現和現在一樣，都宛如是超級巨星。

下頁圖表14-1顯示出1998年至2006年間，我稱之為「量子股票」的表現。它們一路飆升至1,552%的總報酬率令人矚目，而且請注意到這條線的上坡走勢幾乎是筆直的。身為「火箭飛船」股，這些股票卻不如想像般劇烈波動，這點實在讓人跌破眼鏡。

要利用這類非常積極型的股票獲取驚人報酬，確實需要更頻繁地進行交易。事實上，如果一檔股票的基本變數排名跌出前20%，就會立即被賣出。此外，我的所有「量子股票」不僅基本面都是A級，量化評級也必須要有A級或B級，才能確保這些股票擁有足夠的買氣、有足夠的買盤支撐。換句話說，一旦任何量子股票的基本面跌至B級，或定量評級為C級，就會立即被賣出。毫不猶豫，絕不後悔，直接再見。這樣子也會造就更高的周轉率，但是現

在大多券商都會提供超低的佣金費率,所以周轉成本相當低,不像過去那樣會嚴重影響績效表現。

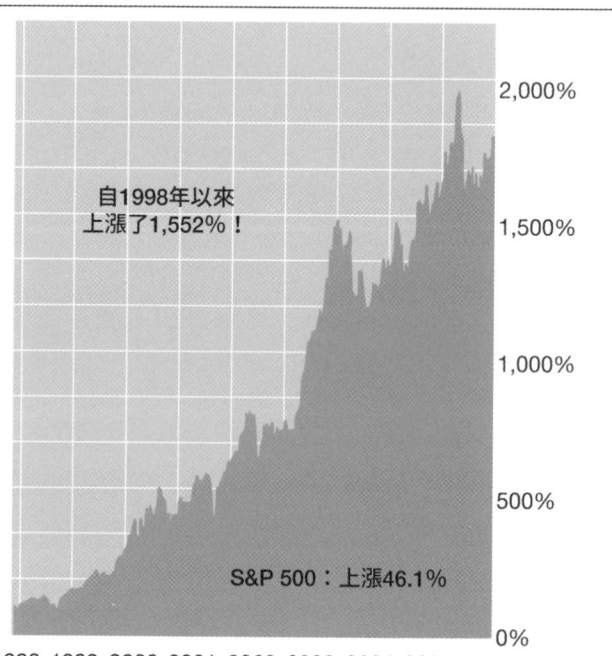

〖**圖表 14-1**〗量子股票成長報酬對照 S&P 500 指數

自1998年以來上漲了1,552%!

S&P 500:上漲46.1%

我特別喜歡量子策略的一點,就是它利用像是羅徹斯

特醫學（Rochester Medical）這類型股票的最佳行情優勢。也就是這些股票受益於強勁的機構投資者買壓（即高量化評級），並同時擁有令人難以置信的營收和獲利成長。圖表 14-2 顯示了我們推薦這支股票時的價格走勢，以及當買壓減弱時我們賣出該公司股票的時間點。兩個月內，我們有了 51% 的獲利。

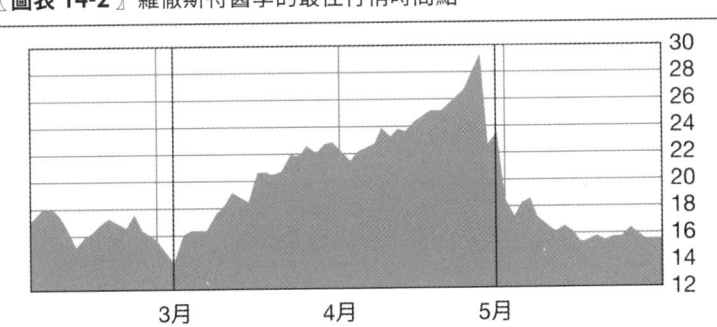

[圖表 14-2] 羅徹斯特醫學的最佳行情時間點

我的量子股票列表是資料庫中的超級巨星，相當於密集篩選股票時找到的籃球之神麥可‧喬丹（Michael Jordan）和高爾夫球好手老虎伍茲（Tiger Woods）。這些股票在我接近 5,000 檔股票的資料庫中排名前 1%，因為它們的基本面

良好、機構投資者買氣強勁，為它們帶來額外的動能，真正發揮助燃作用！每個季度的財報旺季，我都對這些股票感到特別興奮，因為我總是在進入財報旺季時，就先鎖定了最優秀的股票。買進量子股票會形成強大的進攻力道，這最終也構成最好的防禦策略。

　　管理量子股票的投資組合則是不同的情況，需要花更多時間和精力。其中有些股票規模較小、交易活動較少。因此，我堅持要求你在買進這些股票時使用限價單[2]。雖然股票價格以更小的價格增量報價，會縮減許多交投清淡股票的買賣價差，但是更小的買賣價差往往會導致更大的波動性。由於券商不為自己的帳戶交易，可供出售的股票數量變得越來越少，因此許多交投清淡的股票會對交易量非常敏感。

‖ 善用止損機制 ‖

　　現在多數交易活動都是在網路上進行的，粗心地下了買入指令，通常會清掉所有待售股票的庫存，導致股價迅

---

2. 編按：指示券商比當前價格更有利的特定價位執行交易。

速飆升,讓你得為一檔股票付出比預期高出許多的資金。

電子市場的優點是,可以設定下單的價格(你願意支付的最高價格)比市場價格稍高一點。如此一來,賣方不利用你的交易來提高報價,你也能以較低的價格成交。不過,如果你採用這種策略,我建議價格不要高於當前市價的 25 美分以上。

限價單的主要缺點之一,就是有時股票會快速反彈,超過你的限價點,就買不到你要的股票了。然而,如果你有耐心,等待幾天再出手買進,股價就會回到你設定的點。也因為如此,我討厭追漲。有時一檔股票會偏離我們設定的目標,因為這些股票往往規模較小、波動性較大。但大多數情況下,只要你有耐心並謹慎下單,就能夠以想要的價格買到想要的股票,而且不會加價追漲。

在交易量子股票時,我也建議使用心理止損機制。市場觀察[3]和其他服務,都可以在某檔股票觸及你的心理止損點時,向你發送警訊。此外,我還要補充說明:許多量子股票標的都在那斯達克市場上掛牌,但該市場並不接受止

---

3. 編按:MarketWatch。提供金融資訊、商業新聞、分析和股市數據的網站。

損單。我每周都會根據每支量子股票個別的波動性計算新的止損點。但是我不希望你真的丟出止損單的原因是，有些無良的專業操盤手或交易員可能會試圖操縱股票，來清掉所有的止損限價單。心理止損機制的美妙之處，就在於無良之人難以捉摸。我的量子股票並不經常動用止損，但心理上的止損機制卻能提供額外的安全性，特別是在股市突然回調的情況下。

如果市場下挫走勢拉長，止損機制也能迅速幫你保住資金。然而，請記住，如果你能找到 15 支或更多的量子股票，最好將釋放的現金拿去投資新的量子股票。我們的研究顯示，無論市場走向如何，所有由量子股票組成的多元化投資組合往往表現良好。

我曾經說過，對於長期成長型股票的買方，我不建議使用止損，因為有時它會迫使你在錯誤的時間點出脫好股票，並干擾你獲取長期資本收益。可是這一點並不適用於對量子股票的投資。

面對量子股票，我們會採用一種交易策略：只有股票處於基本面周期的最佳位置，再加上持續有機構投資者買氣時，我們才會握有持股。對這類股票請採用止損。大多數投資者會使用固定的百分比來設定止損單，如原始購

買價格的 7％。不過，我還是會根據每檔股票各自的每周波動，來設定我的量子股止損點。如此一來，當波動性增加、股票風險加大時，就不會發生不必要的止損了。查看股票的平均每周交易範圍，會讓你更瞭解正常波動的程度，並幫助你選擇合適的止損單價格。

這種組合的力量不會導致非必要的波動，這正是量子股票的重要優勢。

‖盡可能把資金投入量子股‖

找出這些超級股票是我從業生涯中最令人興奮也最重要的事情之一。坦白說，這些股票的表現如此之好，以及不會劇烈波動，在在都令我十分驚訝。這是我發現唯一一種似乎真的不必理會市場走勢的策略。在 2001 年、2002 年和 2003 年，這種方法的表現非常優異。最好的股票往往不會被多數人發現（但顯然有些重要的投資者會知道）。

2002 年，我們持有一大堆小型銀行股。因為資金從股市流向銀行，便能以非常高的利潤率將這些資金再投入到房地產貸款中，所以這些股票表現得非常好。小型銀行現金充裕，之後又被大型銀行收購。我的量子選股系統捕捉到這一波經濟活動，讓我們最終順勢賺到非常豐厚的利

潤,沒有受到市場似乎正經歷的大屠殺衝擊。

我的量子選股系統找到的不同類型公司,經常會讓我大感驚訝。大家或許會認為能實現這種量子跳躍行為的股票,應該是許多微型科技和生物科技股。坦白說,由於我要求選股必須擁有強勁的基本面,反而很少看到這類股票出現在我們的名單上。2007年2月,投資銀行、特種化學品公司、零售商、保險公司,甚至還有一家公用事業公司都出現在我們的量子買進清單上,呈現出不同產業族群中非常多樣化的選擇。這些公司營運得很好,無論是哪種領域的業務,都表現出卓越的基本面成果,吸引持續的機構投資者買氣。只有最頂尖的公司才會出現在我的量子名單上。

當量子股觸及心理的止損點,偶爾會被賣出。但是如果股票的基本面評級維持在A級,量化評級維持在A級或B級,通常會在31天後又再度出現在名單裡。我之所以等了31天才又買回一些量子股票,是因為我想避開「沖洗買賣規則」(wash sale rule)。如果你賣出股票30天內又回購股票,極可能會激怒你的會計師(根據沖洗買賣規則,若在30天內買回股票,就會恢復原始成本基礎,這在準備納稅申報表時可能會是場噩夢)。此外,我還想確認那些會導

致股價崩跌、觸發心理止損機制、讓股價跌破正常交易區間的所有因素都不會繼續存在。

我的研究結果指出，只要一檔股票的基本面評級維持在 A 級，量化評級為 A 級或 B 級，回穩後幾周可能會立刻反彈。當我的量子股漲不起來時，通常是由於市場突然快速下挫。一旦市場穩定下來，就會想在逢低買進者進場、主要股票開始反彈時，馬上買進這些最頂尖的股票。

我建議盡可能持續把資金都投資在量子股票上，來獲取最平順也最穩定的報酬。當一支量子股的漲勢結束時，我的資料庫會降低等級來幫助我辨識情況，然後便是時候賣出並轉向另一個大好機會了。

量子股票列表是我最接近「無藉口策略」的方法，我非常喜歡這種交易方式。量子股票策略能找到市場熱點，也能創造穩健的績效表現。無論股票市場青睞價值股、成長股、小型股、大型股還是外國股票，這種策略都是根據最強勁的基本面來確認出最佳表現標的、抓住股票表現周期的最佳時機。如果你是非常積極的投資者，願意頻繁進行交易並持有股票三至四個月（或更短的時間），那麼量子股票可能將為你帶來非常可觀的報酬。

Chapter 15

蠢蛋，這是經濟問題
It's the Economy, Stupid

「真實的生活事件可以幫助我們找到真正的利之所在。」
Real Life Events Can Help Us Find Real Profits.

「蠢蛋，這是經濟問題。」1992年，比爾‧柯林頓（Bill Clinton）就是憑藉這幾個字直接入主白宮的。

　　如果我們把這句話稍微改成「蠢蛋，這是經濟和市場周期」，投資者就可以在正確的時間投資正確的股票，並配合投資組合的構成來獲得巨額的利潤。投資者需要瞭解可能影響自己投資組合的趨勢和周期，這麼做不僅是為了保護自己，也是為了藉此獲利。

　　順應市場周期就像在高山地區徒步旅行一樣。一路上，人們可以看到美麗的風景、尚未發現的湖泊、野生動物，以及還沒開發的土地。這樣的旅程會帶來豐富的收穫，卻也同時存在著危險。不僅需要瞭解天氣模式，並為變化做好準備，也必須意識到野生動物未經馴化，熊、美洲獅和毒蛇都不是溫和的旅伴。那些沒有意識到偏遠地區潛伏危險的人，很可能會需要他人救援，而他們所遭遇的苦難將會出現在晚間新聞報導中。因為不瞭解狀況而在森林裡迷路的徒步旅行者，和因為忽視當前市場狀況及危險而損失慘重的投資者之間幾乎沒有什麼區別。

　　2007年初，許多財經評論員和專家都相當驚訝股市持續上漲。尤其是在美國市場，已經連續19個季度出現兩位數的獲利成長、經濟蓬勃發展、假日零售銷售強勁。次

級抵押貸款市場確實還存在著一些問題，但這是無可避免的，不必過度擔心。

企業獲利如此強勁的原因之一，是因為企業在過去三年一直持續買回股票。此外，市場還經歷了一波又一波的併購風潮，進而推高了股價。隨著投資者尋求可收購的企業，並願意拿出大筆現金，規模空前的私人權益資金一直在市場上流動。最重要的是，私有化上市公司的私人股權激增，使得市場上股票淨流通量減少了。

2006年，由於兼併、收購和股票回購計畫，價值5,559億美元的股票從市場上消失了。這是市面上股票流通股數連續第三年縮水。按照目前加快的合併、收購和股票回購計畫速度，美國股市光是在2007年就可能蒸發1兆美元。事實上，超過90%的交易商（投資銀行家和私募股權人士）都認為當前的併購環境「良好」或「非常好」。

不知道我們目前處在市場周期哪個位置的人會相當驚訝，也不敢進場投資。然而，我們堅定不移並隨時做好準備，在每個財報旺季都持有我們透過量化及基本面模型所找到的最佳股票。既然已押注在對自己有利的籌碼上，我們在財報旺季時都是信心滿滿。

市場和經濟中比較明顯的趨勢之一是：屬於成長型的

股票，與被認為是價值型股票的表現周期不同。價值型股票在過去幾年風靡一時，表現優於傳統的成長型股票。雖然我是成長型股票經理人，但這種價值偏見並沒有影響到我們，因為基本面和量化評級的方法，使我們無論在何種市場狀況、何種偏見之下，都能夠在正確的時間找到正確的成長型股票。

價值型股票表現出眾的原因很簡單，以至於投資者和學者都忽略了這一點。

利率一直在下降。當利率下降時，被認為是價值股的公司能夠以優惠條件為其資產負債表進行再融資，並在低利率的信貸資金幫助下改善業務。更多廉價資金，使私人股權基金能夠透過極低的價格購買資產和收益，進而提高投資槓桿率。這種收購趨勢顯然有助於價值型公司，而非成長型公司。

基本上，私募股權公司的人是槓桿收購專家，所以非常關注公司的營業現金流量，因為他們為收購公司而舉借的債務，都需要這些現金來償還。隨著私人股權的勃興，以現金流量作為篩選和擇定股票的方法也越來越受歡迎。圖表 15-1 顯示出現金流量強勁的公司的優異表現。

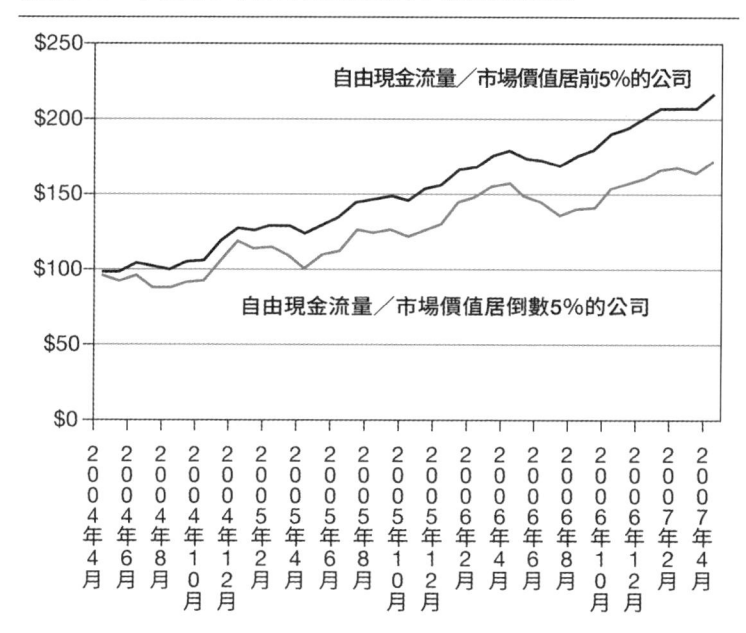

〔**圖表 15-1**〕追蹤 3 年自由現金流量與市場價值股表現

‖ 5月賣出並離場 ‖

　　利率上升時，經濟往往會以良好的速度成長，消費者和企業也都有現金可花用，並將這些資金消費在與成長型股票相關的產業和領域。這時像是休閒產業、受歡迎的零售商、新的餐飲連鎖店經營都受益於經濟成長，獲利往往也會以更快的速度成長，因為所有快樂的消費者都上門

了。除此之外，以科技為導向的公司也會因此受益，因為強勁的銷售額，也連帶讓研發預算得以增加，更進一步推動收益快速成長。這是一個強大的市場周期，投資者在市場上配置資金時應該要注意到這一點。我們運用結合基本面和量化篩選的方法，根據這些周期來調整投資策略，找到處於目前經濟周期最有利的公司。

投資者應該要瞭解，市場上還有其他周期在發揮作用。有些投資者會採用備受爭議的策略：「5月賣出並離場（至少到11月）」。贊成這種方法的人，只在11月1日到4月底之間才持有股票，其他時間則是持有現金。儘管這種策略引發許多爭論，其成果卻是十足有力，如下頁圖表15-2所示。

自1950年以來，這種把握市場時機的方法有著非凡的成果。有些人在11月至4月期間持有股票，在5月至11月期間則把資金存入計息的帳戶，基本上與市場報酬率相同。也就是說，他們獲得股票市場的報酬率，但受到市場波動影響的時間只有一半。我猜測這種策略的優勢，可能與個人和企業的消費習慣有關。多數公司會在年初將大部分預算花在維修和購置新設備，而提供這些技術、設備和服務的公司，通常會在4月對外公布第一季度收益。因此

在第一季度末,市場走勢會上揚;另一方面,消費者傾向從秋季返校期間到年底假期前大舉消費,而這會反映在 10 月和 1 月發布的季度收益中。

〖**圖表 15-2**〗5 月賣出並離場

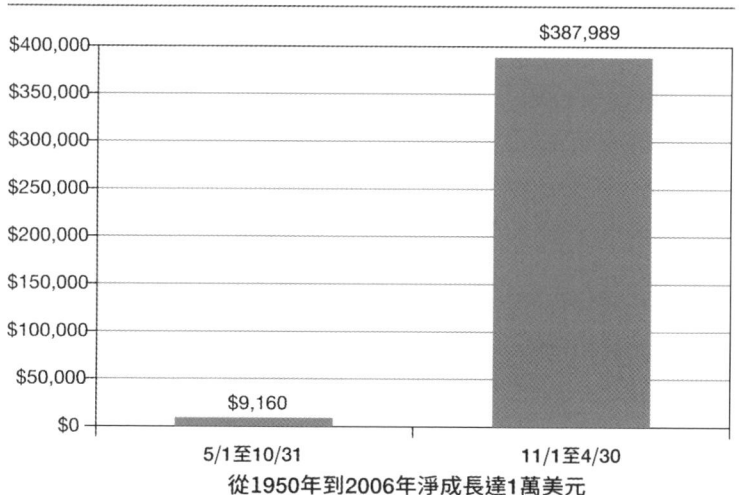

```
$400,000                              $387,989
$350,000
$300,000
$250,000
$200,000
$150,000
$100,000
 $50,000    $9,160
      $0
          5/1至10/31              11/1至4/30
         從1950年到2006年淨成長達1萬美元
```

資料來源:Ned Davis Research

此外,專業投資者、個人投資者會在夏季放假,這件事也影響了整體的趨勢,因此股市在成交量下降之際也放緩腳步。夏天,華爾街的許多同行都不工作,似乎會去漢

普頓、楠塔基特島和瑪莎葡萄園消磨夏季時光。

除此之外，還有一個簡單的事實：退休金會在1月的時候發放，這往往也會推動市場走高。「5月賣出並離場」之所以有效，原因有很多，瞭解這些趨勢的投資者可以調整自己的投資組合，以便在一年中的不同時間點買進最好的股票。

‖ 掌握周期進場 ‖

另一個每四年出現一次的市場模式是總統選舉周期。如下頁圖表15-3所示，在選舉周期的第一年和第三年，市場往往表現較好。

第一年的解釋很簡單：投資者也是選民，他們往往對自己投票選出來要實行的改革相當興奮，也對未來前景無比期待並採取投資行動。然而，第三年是周期中最強勁的一年。原因可能沒有第一年這麼清楚，但同樣有道理。有人認為，在總統任期的頭兩年，總統必須在稅收和支出方面做出艱難的決定，可能會大大影響第一年和第二年的美國經濟。然而，到總統任期的第三年，美國經濟通常會蓬勃發展，因此股市會出現爆炸式的成長。總統任期的第四年，股市表現也不會太糟糕。

〖**圖表 15-3**〗道瓊工業指數在 1900 年 2 月 1 日～2006 年 12 月 31 日總統選舉周期的走勢

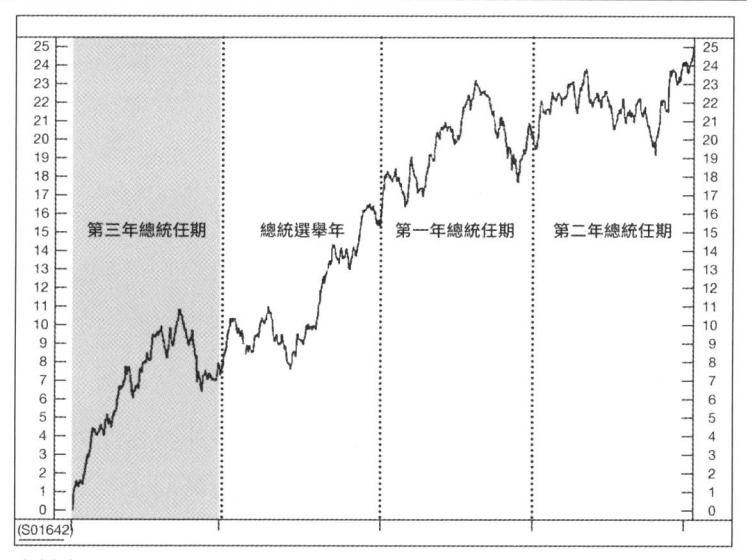

資料來源：Ned Davis Research

　　為什麼股市在總統任期的第三和第四年表現如此之好？關於這點，我還有另一個理論。具體來說，美國強大且極度偏頗的新聞媒體，往往在此時會比較收斂。事實上，中期選舉[1]一結束，那些超級挑剔的媒體就會轉變風向，突然報導起令人開心的新聞。為什麼會發生這種情況呢？答案就是時機。

中期選舉在 11 月舉行，緊接著就是重要的冬季假期。這段時間誰想聽壞消息呢？新聞媒體會觀察他們的視聽群，提供大家比較願意買單的消息。在節日期間，尤其是感恩節和聖誕節，新聞媒體熱衷於報導像是感恩節遊行等其他讓人感覺良好的新聞。

　　但好消息如何影響股市？樂觀是會傳染的，人們也常常被自己在電視上看到的、在報紙上讀到的、在網路上接收到的東西所制約。

　　關於新聞媒體，我還有最後一點看法。在總統任期的最後幾年裡，隨著總統的「跛腳鴨」的形象日益加深，新聞媒體似乎就會比較收斂，反而將注意力轉向下一位可能上任的總統。有趣的是，新聞媒體似乎一次只能報導一個話題，這就是為什麼我們很快就厭倦了辛普森[2]、安娜・妮可・史密斯[3]、小甜甜布蘭妮[4]或任何最新的名人新聞。理論上來說，如果在選舉前發生重大的名人醜聞，熱門候選

---

1. 編按：midterm elections。通常於總統任期第二年的 11 月舉行，美國眾議院席位全部都會進行改選，約 1/3 的參議院席位也會進行改選。一般視為對現任總統的期中考，反映選民對執政表現的評價。
2. 編按：O.J. Simpson。前職業美式足球聯盟 NFL 球星，1994 年涉嫌殺害妻子，被稱為是美國史上最受大眾注意的刑事審判案件。

人可能會因為媒體完全不報導而失勢。

總而言之,如果電視上的人們很高興,消費者和投資者也應該是高興的。瞭解總統選舉周期的投資者可以鎖定時機進場,坐享史上股市表現最強勁的時期。

還有其他媒體周期會影響股價。

夏季時國會休會,政治新聞往往會沉寂。報紙會為了填滿版面並且提高觀看率而尋找新聞,來讓人們繼續閱讀和收看,不過大多數是負面新聞。這時候的投資者會嚴重遭受新聞流向的影響,連帶改變買入和賣出模式(這也是「5月賣出並離場」策略有效的另一個原因)。

隨著新年將近、假期來臨,人們希望看到反映節日氣息的好消息,所以媒體偏好採用讓人感覺良好的故事、令人愉悅的新聞來迎合大眾,並一再重複這樣的循環。媒體周期的影響,可能不如「5月賣出離場再回歸」所帶來的流

---

3. 編按:Anna Nicole Smith。1994年時嫁給大自己63歲的石油大亨霍華德・馬歇爾(J.Howard Marshall),遭外界質疑是覬覦對方錢財。他的兒子2006年意外暴斃,她自己則於隔年因用藥過量死亡。
4. 編按:Britney Spears。享有歷史銷量最高青少年藝人的紀錄。2007年因個人生活的各種原因陷入膠著,事業也被迫在巔峰期暫停。2021年更傳出遭受父親及經紀團隊虐待與脅迫長達13年。

動性奔逃,也不及總統周期的變動那麼大,但這些周期確實產生了一些作用。聰明的投資者會意識到這一點,並充分利用來賺取獲利。

‖ 流動的泡沫 ‖

市場和經濟環境的另一個因素,是不同資產類別之間的資金流動。在華爾街的鼓勵和推動下,投資者的從眾行為經常在各種資產間製造出滾動的泡沫。

有個例子是 2000 年以來某些資產類別的大量進出。

2000 年 3 月股市泡沫破裂後,一系列事件接踵而至,導致股市暴跌。其中包括 2000 年 11 月極具爭議性的總統選舉[5]、911 事件和企業會計醜聞。2000 年 3 月至 2003 年 3 月,股市暴跌時,有 40％的股市投資者出逃。離開市場的資金必須尋找出路,其中大部分最終進入銀行,讓銀行很快就充斥著新的現金存款。

股市泡沫的破滅,加上美國聯邦準備系統(Federal

---

5. 編按:共和黨候選人喬治・布希(George Bush)和民主黨候選人艾爾・高爾(Al Gore)選情膠著。佛羅里達州的選票結果直接決定總統大選的勝負,但計票過程出現許多問題,包括選票設計、計票方式以及廢票的認定等。

Reserve System, Fed）將利率降至歷史低點的助力，催生了2007年開始破裂的房地產泡沫。這些銀行必須用新取得的資金做點什麼，於是他們把其中大部分都放到房屋貸款上。

此時，除了房價上升，商品價格也上漲了。部分原因來自於新興市場的供需關係，但華爾街對價格漲升也有很大的影響。投資者對股票的興趣減弱，但是投資公司仍然需要找到人們願意購買的東西（不是找到新產品來銷售，就是要面臨無法支付管理費用而破產的風險）。時任紐約州檢察長的史匹哲猛然針對大型投資公司、保險公司和共同基金公司展開調查之後，華爾街的投資者們開始竊竊私語，表示「史匹哲遺漏了大宗商品投資者」。

很顯然地，華爾街轉向銷售他們認為可以避免訴訟的資產，於是找上大宗商品基金和合夥企業。由於這些大宗商品基金和合夥企業支付了豐厚的前期和後續佣金，讓流入這些投資工具的資金大約增加了2倍。推廣投資這些大宗商品的人，向大眾兜售全球需求上升、預測價格上漲這類驚人的故事（還記得我說過不要輕信聽起來不錯的故事），於是大批現金湧入購買大宗商品。

不過由於阿瑪蘭斯對沖基金（Amaranth）在2006年第三季度引發天然氣泡沫破裂，以及2007年伊始的原油價格

大幅下跌,這場泡沫似乎在 2007 年初就結束了。

之後這些現金會流向何處呢?它很可能會回到最初的源頭——股市。這對成長型股票投資者來說,可是一個好兆頭。

CHAPTER 16

畢竟這個世界很小
It's a Small World After All

「世界是全球性的。投資也該當如此。」
The World Is Global. Investing Should Be as Well.

過去幾年裡，我們注意到投資組合裡出現了有趣的現象：開始頻繁出現外國公司的美國存托憑證（American Depositary Receipts, ADR）。

ADR是為了方便美國投資者買賣外國股票而專門設立的。我喜歡它的原因有好幾個：首先，最近的研究顯示，在美國交易所上市的外國公司，比未上市的同類外國公司估值更高；此外，ADR讓我們可以輕鬆地將外國證券納入投資組合之中，從而進入這些不斷成長的資本市場，卻不用處理複雜的貨幣兌換或受制於其他規則。

由於ADR開始頻繁出現在我們的買入清單上，比例又很大，不可能只是偶然發生的。因此，我們認定國際股票值得進一步研究。除此之外，我們還發現在非美國的股票中，我們的量化工具用起來特別出色（我們的分析其實適用於全球穩定的國家和快速成長的新興市場）。

當我們開始深入研究非美國的股票時，發現全球投資的想法有許多可取之處。雖然美國是世界上最具創新力的國家之一，卻不是唯一。世界各地都在發掘與開發新產品、新想法、新技術。此外，隨著自由貿易的蓬勃發展，世界變得越來越小，打開了全新的世界消費市場，對手機、電腦、汽車、家用品，以及各種消費品和服務的需求

也不斷增加。這個新崛起又充滿強烈需求的消費者市場，同時也讓銀行、零售商、水泥公司，甚至是人壽保險公司，在全球各地如雨後春筍般湧現，增長速度更是遠遠勝過美國同業。令我驚訝的是，我們還發現世界上最大的公司中，有10家位於美國海外。這些公司可能有大部分的業務在美國進行，但是母公司卻設在另一個國家。根據《富比士》的報導，最大的建築商、汽車商、商業設備和食品公司都不是美國公司。

‖ 全球成長型投資的成功 ‖

同時，我們也相當開心地發現，對於像我們這樣依賴量化和基本面數據來進行全球投資的人來說，過去10年來的最大障礙之一已經消失了。

一直到網路盛行之前，都還很難取得美國以外的股票當日價格資訊，更不用說要獲取準確的公司財務資訊。但是網際網路確實向幾乎所有人開啟了世界之門。現在，只要點擊幾下滑鼠，就可以從香港、日本、俄羅斯、巴西等世界上任何一個交易所和市場獲得準確的資訊。

一旦有了資訊，就可以進行分析。我們確實進行了分析。如下頁圖表16-1所示，我們的發現非常引人注目。根

據我們的量化評級，我們挑選的全球股票中，排名前 10% 的股票絕對可以擊敗 S&P 500。其中表現最好的 5% 報酬率更是足足高出 1 倍！很顯然的，我們找到了一些有效的策略。

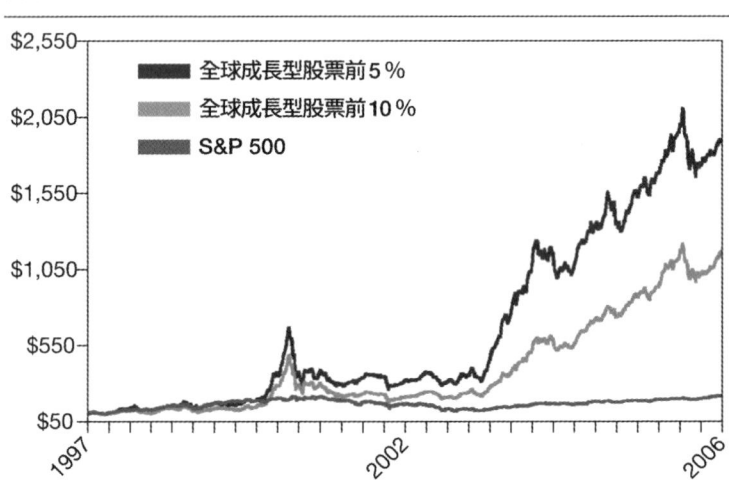

[**圖表 16-1**] 全球成長型股票報酬率與 S&P 500

全球成長型投資之所以會成功，有其強大的潛在原因。首先，大多數全球投資者都存在某種價值偏見，所以成長型股票較少被檢視和研究。因此，當投資界終於發現

其中一顆寶石時,其價格往往會為之飆升。發生這樣的情況前,我們的投資策略通常就已經讓我們先買進股票,順勢而為。我們使用與投資美國股票相同的八個基本變數與量化指標來搜索全球股票。這些方法都經過驗證,也獲得非常好的績效,甚至發現了更好的買進機會。

美國以外的股市表現強勁,部分原因在於資金一直湧入。這並不是說資金一定會從美國流出,而是表示資金以更快的速度流向其他市場。國際基金籌集到的金額遠遠超過美國基金,強勁的資金流動也帶動了好股票的買氣,這正是我們尋求的超額報酬。

根據美國投資公司協會(The Investment Company Institute, ICI)所稱,目前投資於國際股票基金的資金,幾乎與投資於美國基金的資金一樣多。事實上,2003年至2006年間,非美國基金的銷量,幾乎是美國國內投資共同基金的4倍。大量資金流到美國以外的市場和股票,尤其是許多美國以外的股票正受益於美元疲軟帶來的匯率順風車,海外股市表現強勁。

‖ 國際資金流的轉變 ‖

指數股票型基金（exchange-traded funds, ETF）則是基金領域的另一個重要發展。

與傳統基金相比，交易所買賣的 ETF 具有巨大的流動性和成本優勢，是一個快速成長的投資資金來源。在這個領域，國際市場也占據主導地位，流入國際 ETF 的現金比流入美國指數的現金還要多上許多。

這種資金流向會轉變，其中有幾個原因。較明顯的原因之一，是投資者喜歡分散投資部位。如今，大多數財務顧問都會建議客戶持有一些非美國資產。在較小、較容易進入的投資領域裡，哪裡有機會就投資哪裡是很合理的。

資金會流入美國以外市場的另一個重要原因，就是《沙氏法案》。該法案導致希望以 ADR 形式在美國上市的國際公司數量減少（媒體曾針對這個問題進行廣泛報導）。諷刺的是，由於可投資的 ADR 數量減少了，流入國際股票的資金又比過去還要多，造成剩餘的 ADR 股票飆升。

《沙氏法案》嚴加管制在美國上市的公司報告標準，並迫使執行長簽署、親自擔保會計報告和發布事宜。這一點，讓許多非美國當地的企業卻步，相當擔心自家公司必須接受美國法律體系的規範。他們都很清楚，美國是世界

上最愛打官司的社會,因此根本沒有興趣去碰觸這一點。所以,許多公司離開美國市場,許多原本可能在美國上市的公司則不願受其困擾。

2006年,香港和上海股市的首次公開發行數量（Initial Public Offerings, IPO）都超過美國市場。然而僅僅在五年前,也就是《沙氏法案》通過前,紐約證券交易所的 IPO 數量還是全球第一。由於美國的 ADR 數量縮水,資金也跟隨新掛牌的股票流入倫敦、香港和上海的交易所。

‖ 善用世界的成長機會 ‖

由於國際資金流的轉變,讓人想開始進行全球性投資,因此我們也大力朝這個方向發展。不過,我並不打算在世界各地的交易所和券商設立帳戶,而是偏好投資 ADR,因為這是美國投資者投資國際公司的便捷方式,否則投資過程將會變得很複雜。

值得慶幸的是,ADR 的交易都是按照美國市場規定進行,因此所有股息支付、公司消息,都可以及時取得通知。ADR 的交易也相當方便,以美元在美國證券市場（紐約證券交易所、美國證券交易所、那斯達克）報價和交易。

每支 ADR 都由外國公司的特定數量或部分股票作為支

持，而 ADR 數量與外國股票數量之間的關係，通常被稱為 ADR 比率。我發現使用這種投資方式，可以讓我不用擔心全球各地市場的各種法規和貨幣波動。

在我們的投資領域裡，有將近 300 支 ADR。我發現不管在任何時間點，大約都有 25 到 30 檔股票具有強勁的成長潛力。當然，我們會採取多元化投資，並且傾向投資大國家、大公司。我們重視的是，這些股票中，有許多都是經營非常保守，而且往往有大量政府持股的股票。這能讓我們投資全球性股票時更安心，也比較能高枕無憂。

我們還投入資金到新興市場，它們表現良好時，就像坐上火箭飛船一樣飛速成長。不過，這部分的持股會維持在較小的比例，這樣才能在飛船發射升空時落袋豐收，落回地球時又不會嚴重受損。這些部位的表現較不穩定，所以要試著讓這種不穩定性為自己帶來利益，而不是造成損害。我們也會避開那些被認為在外交和金融政策上是反資本主義的國家。也由於這個原因，我們不會投資烏戈・查維茲（Hugo Chavez）領導下的委內瑞拉[1]。

我們為什麼要進行全球性投資？因為可以增加我們獲利的機會，而且這麼做確實有效。

大多數的國際投資者具有價值偏見，加上大量現金持

續流向美國以外的市場,兩相結合之下,為成長型投資者提供了難以置信的獲利良機。而且,分析和投資這些市場所需的資訊,就像美國股票資訊一樣容易取得。

這是一個嶄新的世界,我們應該要參與其中,並善用世界各地未來所有的成長機會。在未來的 50 年內,將會有數十億的人口需要新的房子、道路和基礎設施;也將會有數以十億計的新消費者,想要西方消費者長期以來視為理所當然的精美商品和玩具。

身為成長型投資者,可以在這個具有巨大潛力的新市場獲得絕佳的利益。

---

1. 編按:查維茲擔任總統任內,推行一系列挑戰、削弱傳統資本主義的政治和經濟政策,如對關鍵產業進行國有化、大幅推行土地改革與重新分配、實行嚴格的貨幣管制與限制外匯交易、積極尋求古巴與伊朗等反美國家的結盟等。

CHAPTER 17

掌握成長的沸騰
A Watched Pot Will Boil

「股票與水不同,需要密切關注。」
Unlike Water, Stocks Need to Be Carefully Watched.

「心急鍋不開。」（A Watched Pot Never Boils.）至少諺語是這麼說的。事實上，物理就是物理，只要適當地加熱，就算放在超級盃比賽場地的 50 碼線上、有成千上萬的人站在看臺上盯著、數百萬人在電視上看著，那鍋水也一樣會沸騰。

　　我來告訴你，看著那鍋水能帶給你什麼好處：如果你仔細地看著它，就能防止那鍋水沸騰溢出。股市也是如此。透過勤奮且密切地觀察股票，可以讓你的投資組合維持在穩定成長的狀態，避免過度沸騰或蒸發。你最不希望看到的就是鍋子裡的水溢出來或煮過頭蒸發掉了，造成你的獲利消失或成了虧損。

　　在我的公司，我們每周會通盤檢查一次。事實上，我們每個周末都會廣泛研究，確定我們關心的股票評級；我們也會進行回歸測試，計算量化評級的風險報酬分數，確保這些都是建立在正確基準之上。然後，再根據經過驗證的八個變數來檢視基本面，以衡量股票是否完好無損失、是否火力十足。我們不喜歡操作時出現不如預期的狀況，因此會盡力確保只獲得正面的成果。總之，我們非常勤奮且努力，每周也會更新工作成果。

‖ 隨時檢視自己的投資組合 ‖

不久之前，投資者很難跟上所有影響股票的新聞。那時，必須每天在報紙上翻找收盤價格、重要新聞和收益報告。現在多虧了網路，獲取這些數據變得極其容易，不再有任何藉口不去完整掌握自己的投資組合發生了什麼狀況。最重要的是，你可以輕鬆快速地管理，並追蹤整個投資組合的表現。

你應該要留意的最重要數字，就是整個投資組合的最終績效。個股的日常價格波動可能會讓你不安，那些強勁成長的股票更是如此。如果你採用我推薦的 60／30／10 投資組合配置，並在股票中混合一些與其他股票反向波動的標的，那麼你的整體投資組合將會以平順、穩定的方式增值。

不管使用電子或虛擬工具來追蹤股票、管理投資組合，絕對都要閱讀《投資者商業日報》。這份報紙可以教導並告知你最重要的市場事件，比任何商學院更能把你教成優秀的投資者。其內容以易於閱讀的格式呈現，一次看見所有重要新聞。將這份報紙與我在書中討論的組合在一起，可以大大增強你的投資成效。

在前面篇章，提到市場和經濟中可能有不同的周期，

會影響股市的整體表現。按照我所建議的方式建立股票投資組合，確實可以大幅保護你免受市場波動的影響，但是不可能消除全部的因素。舉例來說，如果你持有的某檔股票帶來大量的長期獲利，現在 4 月快過完了，你可能就會考慮賣出一些股票，因為你知道「5 月賣出並離場」的人，將會造成下個月的整體股價出現賣壓；如果現在是 10 月下旬，而你手頭上有現金，就可能想要繼續投資。因為你知道那些在 5 月賣出並離場的人很快就會回歸，希望盡快把錢投入股市。

讓我再舉個例子，說明我是如何看待投資的。

進入 2007 年中時，我觀察股票市場的格局，知道價值股在過去 7 年多的表現優於成長型股票，這是前所未有的漲勢。我知道那些 5 月賣出並離場的人很快就會採取行動，而且大多數退休金和個人退休帳戶都會在 11 月至 4 月 15 日之間取得資金，再加上當年是總統任期的第三年，所以我對整體市場非常樂觀。因為從歷史上來看，當年會是股市表現強勁的一年。所有因素結合在一起，使我非常看好股價，因此希望盡可能充分投資。

請務必隨時檢視自己的投資組合，並盡量維持我所推薦的 60 ／ 30 ／ 10 分配法。

如果市場流動性充足，投資於積極型股票的 10%可能會飆升。要是不小心留意，就會發現自己在市場見頂時，過度投資於超級積極型及風險較高的股票。隨著市場反轉下滑，將會造成相當不利的局面；如果你對成長型股票的投資方法相當保守，就得確保自己盡可能持有 A 級股票，並觀察它們的評級變化。如果處在較為艱困的市場狀態（像是 2002 年），積極型股票很可能會下跌，較保守型的股票則會上漲。此時，你需要投入一部分的資金來投資積極型股票，因為它們這時非常便宜。

儘管我通常不會特別尋找市場的操作時間點，但我發現重新平衡「60／30／10」配置，可以讓我在正確的時間購買正確類型的股票。當股價上漲時要變得保守，股價下跌時則要變得更激進。這與我們大多數人的思維方式背道而馳，所以要依靠數字來克服恐懼和貪婪，並且繼續走在正確的道路上。

‖ 找尋全新投資標的 ‖

當你賣出一檔股票，就該去尋找另一支標的了。除了充實投資組合，也應該每隔 1 到 3 個月就重新搜索一次全部的股票。我至少會在每年的 3 月、6 月、9 月和 12 月尋找新

的投資機會，因為這時是大多數美國公司發布季度財報的最後幾個月。發布財報之後，接下來的幾個月裡就會開始向投資者報告收益。我想在財報季開始時，完全鎖定最好的股票，並且一一放進我的帳戶裡。

我在進行搜索時，會比較找到的新股票與持有的股票。

如果我發現有幾檔新股票的基本面變數非常出色，量化得分也非常高，我就會想在財報旺季前將這些股票都加入我的投資組合中；當我查看持有的股票時，發現有支股票在五、六個變數中都有不錯的表現，但是評級已從 A 級降至 B 級時，我可能會賣掉這檔股票，用新發現的股票取而代之。原來這支股票可能仍然是好股票，但我會找到更好的股票來取代。這都是因為我決心在即將到來的財報旺季中，只鎖定那些最好的股票，並將之納入投資組合之中。

不妨這樣想吧！

如果你是棒球教練，面對即將到來的球季，隊上有個還算不錯的二壘手，更擁有 0.250 的打擊率，也戴著像樣的手套。比賽時，他的表現不錯，可能不會拖累球隊。但是他現在年紀大了一點，也跑得更慢了一些，打擊率也略為下降。你還是可以湊合著用。他是好人，已經在球隊待了一段時間，看到他離開，你可能會很難過。但是，當你發

現可以用打擊率 0.350、有擊出 30 支全壘打的潛力、跑得像風一樣快、守備橫掃全場的 20 歲超強球員來取代時⋯⋯

你猜怎麼著？今年你肯定會換上一名新的二壘手。

永遠不要愛上你的二壘手或你的股票。我曾經開除那些愛上股票且遲遲不肯出脫持股的人。為了贏，你必須願意做出改變，納入那些新的、更強大的股票。隨著財報旺季的來臨，專注在數字上、對股票保持冷靜客觀，反而是更為重要的事。

財報季正是所有好事都可能發生的時刻。獲利驚喜、獲利動能加速、分析師對收益進行正向修正等等，都是此時經常出現的狀況。我們選擇的公司隨時都可能大幅上調獲利報告並帶來驚喜，而我們已經討論過這些事件如何使股票長期平穩上漲。簡單地說，每個季度的財報旺季都相當於每支股票的審判日。

最重要的是不斷學習。

我也持續研究市場，尋找有效的策略和新的方法，將我的原則應用到成長型股票投資中。這就是為什麼閱讀《投資者商業日報》這樣簡單的事情，會是如此重要的一件事。你不可能知道投資相關的所有事情，但要持續關心與注意、不斷研究和評估所有可能影響投資的事情。因此，我

認為大家必須不斷學習，也要嘗試新事物、新想法。

每當我遇到非常自大的人，認為自己對股票市場無所不知，就知道他可能只是找到一個短期有效的變數，而且即將學到非常慘痛的教訓。股票市場比我所見過的任何東西都能讓人謙卑。就在你認為自己很聰明的時候，市場就會讓你知道自己有多笨。

時時刻刻留意那個沸騰的鍋子，也就是你的股票投資組合。幸運的是，多虧了現代科技，現在可以輕輕鬆鬆地監控股票投資組合。請務必注意投資組合的變化，以及在市場和經濟周期中的位置，並隨時尋找新的、更好的股票來取代手上的持股。我們的目標是在基本面和量化的基礎上找到最好的股票，因為持續的機構投資者買壓會讓這些股票不斷上漲。然後請繼續持有，因為它們不會過熱並消耗掉所有獲利。

Chapter 18

危機四伏

Lions and Tigers and Bears, Oh My!

「當心華爾街的這些危險。」
Beware of These Dangers on Wall Street.

正如桃樂絲和她勇敢的同伴們會擔心在森林裡可能面臨的狀況[1]，投資者在投資股票市場時，也必須小心留意欺瞞或詐騙的問題。依靠我列出的八個基本變數，基本上可以擺脫大多數的麻煩，但不是永遠都行得通。多年來，有許多公司和肆無忌憚的詐騙集團想方設法要讓你上鉤，所以我想花點時間來警告你得注意些什麼。

最糟糕的欺騙形式之一，可能就是公司本身自導自演。

只要有人買賣公司股票，會計欺詐就會層出不窮。過去幾年裡，已經出現一些比較肆無忌憚的例子，像是安隆、世界通訊、環球電訊（Global Crossing）等公司，都已遭到應有的報應[2]。然而，儘管這些公司及其管理階層受到懲罰，許多投資者卻損失了數十億美元。就算許多當下漏洞已經被防堵，但是為了誤導投資者認為事情比實際狀況更樂觀，那些公司主管總會持續尋找新的欺騙方法。

多年來，我一直反對這種詐欺行為，並指出權益合併

---

1. 編按：指美國作家法蘭克・鮑姆（Frank Baum）的兒童奇幻小說《綠野仙蹤》（*The Wizard of Oz*）中，名為桃樂絲的小女孩與獅子、錫樵夫、稻草人踏上尋求勇氣、善心和智慧的歷險故事。
2. 編按：於 2001 年底至 2002 年中期，三家公司分別發生震驚全球的舞弊案。高層管理人員為了維持股價、掩蓋真實財務狀況，出現會計舞弊行為。

法[3]、未計入費用的股票選擇權[4]的問題。權益合併會計是種極具誤導性的會計花招,我自豪地表示,我向來公開強烈反對公司這麼做。

這種方法主要用於企業的併購和收購,可以為公司提供一種美化財務報告的方式,對投資者隱瞞虧損和糟糕的收益狀況。在廢止權益合併會計制度前,一家公司只要透過收購另一家公司,就能把收購方的營收納入自己的帳目,並遞延及重新攤銷費用。這其實是種「偽造帳目」的障眼法。收購的公司越多,就越能有效地操縱自己的帳本。這些公司不僅試圖藉由權益合併法來掩蓋糟糕的季度業績,而且像世界通訊這樣的公司,甚至還以收購來製造所謂的成長假象。

就在世界通訊破產之前,正試圖收購美國行動電信公司斯普林特(Sprint Corporation)。要是事情順利進行,就可

---

3. 編按:pooled-interest accounting。會計方法之一,直接將兩家公司的帳面價值相加,而不考慮收購的公允價值和潛在溢價,可能會隱藏真實的收購成本和價值差異。
4. 編按:指公司授予員工權利,可以在未來以預訂價格購買公司股票,但在當時的會計準則下,公司通常不需要將授予員工的股票期權作為費用計入損益表,因此可能低估公司的真實營運成本,進而誤導投資者。

以把斯普林特所有的收入幾乎全納入自己的帳目，同時延遲大部分的費用並繼續詐欺。

令人費解的是，花旗集團的分析師傑克‧葛拉曼（Jack Grumman）為何沒有看穿世界通訊的詐欺行為。因為花旗集團是世界通訊的主要承銷商之一，有著巨大的承銷利益衝突。世界通訊的詐欺事件非常複雜，而我記得它是少數幾家扭曲現金流量、繳納超額稅款來掩蓋並延續其會計舞弊行為的公司之一。

保護自己不受詐欺侵擾的最好方法，就是在篩選股票時確認公司的營業利益率、股東權益報酬率、現金流量都獲得高評級。我從未見過任何一家公司成功操縱這裡兩個以上的變數。

幸好，美國財務會計標準委員會（Federal Accounting Standards Board, FASB）最終在 1999 年廢除權益合併法，強制公司使用可以顯示合併後真實情況的「購買法」。除此之外，FASB 還處理了股票選擇權的問題，並在 2004 年通過第 123 號聲明，要求公司將股票選擇權顯示為一項費用，不能再刻意隱瞞員工實際執行選擇權後造成的稀釋效應。

這些都是實在的進步，但仍舊會有欺騙行為，而且未來還是會出現我們從未想到的技倆。

‖ 操控收益數字 ‖

我認為最糟糕的管理方式之一,就是操縱收益。

上市公司根據一般公認會計原則[5]報告收益,卻依舊留下空間讓會計師能操縱數字,以製造能符合希望的假象。投資界非常關心季度收益報告,造成管理階層每三個月一定要達到或超過財務預測目標。為了滿足華爾街的預期,各家公司可能會調整數字,避免糟糕的財報數字導致股價下挫。

一家公司要操縱收益,主要有兩種方式:一次性費用及投資收益。

將正在進行的建設成本等項目,列為與當前情況無關的一次性費用來沖銷,就能夠隱藏成本超支、投資效益不彰的情況。一般公認會計準則應該要防止企業操縱收益,但有些公司幾乎每季都會列報一次性費用,以掩蓋其虧損和策略錯誤,這點並不罕見。

投資收益、退稅和其他被列為經常性收益的特殊項

---

5. 編按:generally accepted accounting Principles, GAAP。像是會計界的遊戲規則,是全世界通用的會計事務共同原則、標準與程序,可確保公司財務報告清晰一致、可靠且易於理解。

目,也可能用來模糊真實的財務狀況。報告投資收益,很容易掩蓋掉日常核心業務正在蒙受損失的事實。如果公司無法持續呈現投資收益(而且當核心業務出現虧損,消耗掉可投資的資金時,肯定會面臨這個問題),就會顯現出真實的收益狀況,其股價也會隨之下跌。

如果你按照我建議的方式,透過金融網站上的程式建立你的投資組合,就可以設定通知,提醒你投資的股票已發布收益報告。請務必特別留意那些似乎將特殊項目計入正常營業收益的公司!

祕密基金會計(Slush fund accounting),則是另一種掩蓋真相的手段。在這種情況下,公司會保留業績好的季度部分收益,將這些盈餘挪到業績較差的季度再行公布。

從表面上來看,這似乎不是一種極其惡劣的做法。但是,當季度的業績就是當季度的狀況,投資者也不會想要持有「業績正在下降,卻透過操縱收益來掩蓋事實」這種公司的股票。會計應該如實記錄帳戶、管理階層應該專注管理,而不是以操縱會計帳來獲得經營良好的假象。

有時候,銀行會採用這種做法並稍加改變。銀行以貸款的方式,將用戶的存款貸放出去。由於其中必然會出現呆帳,所以銀行必須維持準備金,以避免遭受影響。監管

單位對於準備金有相關規定,但是銀行最後會設定自己的最低準備金。一旦出現獲利低於管理階層或投資分析師預期的情況,要讓呆帳不影響帳面的美觀就很簡單了:只要從準備金中拿出一筆錢,宣布這些是當季的盈利即可。

因此,要特別留意在某個季度減少準備金的銀行,因為這很可能就是在操縱收益,讓自家銀行看起來比實際狀況更健康。

‖ 操作股票選擇權 ‖

員工認股權回溯(Backdating stock options)已成為企業和投資者面臨的另一個難題。

企業給予高階主管員工認股權,既是作為額外的獎勵,也是規避薪資上限的一種方式。柯林頓政府通過一項法案[6],限制高階主管年薪不得超過 100 萬美元後。由於任何超過這個門檻的薪資,公司都不能作為應納稅額並予以

---

6. 編按:指美國在 1993 年通過的《總預算調和法》(Omnibus Budget Reconciliation Act of 1993),針對上市公司高階主管薪酬所設立的稅務扣除限制。政府希望藉由稅務手段限制這種現象,並彌平當時社會對於高階主管薪酬過高的不滿,也藉由限制企業可扣除的薪資上限,增加政府的稅收。

扣除，因此大幅增加了授予員工股票選擇權的做法。如此一來，一位高階主管的年薪有時候為 100 萬美元，也有些時候為 6 億美元（其中 100 萬美元是薪資，5.99 億美元是認股權）。迪士尼公司的前任董事長麥可・艾斯納（Michael Eisner）可能是最出名的執行長，因為他於任職期間獲得了巨額的認股權獎勵。

就理論上來說，提供高階主管額外的激勵是相當合理的做法：股價越高，他們的認股權就越有價值。但是，這種做法卻已經從獎勵變成掩蓋高階主管的薪酬。

公司在發放股票選擇權給高階主管時，會回溯授予認股權的日期，也就是並非按照實際發放當天的股價來決定期權的行權價格，而是故意選擇過去的日期，而當時的股價通常比實際發放日要低很多，使得認股權對高階主管來說變得更有價值。有幾十間大公司利用這種方式隱藏高階主管薪酬，因此都要接受調查。

採用員工認股權來補償高階主管並不違法，前提是必須向股東明確披露相關條款，並在損益表和納稅申報表中適當說明。然而，這些資訊多半並未揭露。被隱藏起來的薪酬成本，最終使得營收數字被虛報，並且高於實際水準。

‖ 留意炒作行徑 ‖

對投資者來說,最大的危險之一則是華爾街的炒作行徑。

請務必記住,華爾街本質上就是一台銷售機器。投資企業之所以存在,就是為了向我們推銷股票、債券、共同基金和其他更新奇的投資產品。儘管這些公司的廣告讓他們看起來像是好心的有錢大佬,一心只想幫助你,但你一定要牢記的是,這些公司真正想做的是賣東西給你。我認為多數經紀人和財務顧問確實希望你能有好成果並因此致富,但他們的首要任務其實是藉由賣更多產品給你,來實現自己的成功。

人們很容易被炒作迷惑。從財經新聞節目,到各家網站、雜誌和報紙,每天都有大量的資訊向我們襲來。資金管理和經紀公司的專家們上節目侃侃而談,或是在媒體上自信地預測他們喜歡的股票、基金,未來會有多麼巨大的收益,試圖讓人們購買他們銷售的商品。不論這些人是好是壞或很一般,都不是你慈祥的叔叔或阿姨,而是銷售人員。當他們為一家公司進行股票公開發行,因為希望你購買股票,當然會說他們承銷的是一家好公司的股票。

承銷商和經紀公司需要你買入股票,來實現他們的

薪資、收益和未來業務。他們賣得越多，企業客戶對他們的印象就越好，下次需要集資時，他們就能獲得更多的業務、賺更多錢。然而由於目前公司上市的速度不像過去那麼快，華爾街的投資銀行家們也正在改變收取費用的方式。

私募股權投資的蓬勃發展相當強勁，因此從 2004 年到 2006 年間可買到的股票數量有所減少。私募股權基金已經買斷許多上市公司的股票，並將這些股票從市場中撤出。事實上，在 2006 年的所有合併、收購和股票回購計畫，使得價值 5,559 億美元的股票消失了。

這些私募股權基金願意為許多上市公司支付溢價，是因為他們覺得能夠取得關鍵資產來獲取額外股息，或是重組公司以進一步提高股東權益報酬率。而股東權益報酬率高的公司，通常最有可能被私募股權公司收購。

另一個炒作的例子，就是我之前提到的「大宗商品合作夥伴關係」盛行。我確信這背後有一部分原因，就是華爾街在推動大宗商品基金（因為股票上並沒有太多新業務）。當一個行業熱絡起來，大公司肯定會創建專門從事該領域的基金。並不是因為這樣做有益於未來的財務狀況，而是這樣做會比較容易賣出。

我在這行很久了，已經一次又一次地看到這種循環：

1980年代初有房地產基金、1990年代有網際網路基金,到了21世紀初則出現商品基金。

只要哪個東西容易賣,華爾街都可以賣給你。

許多大宗商品基金除了得承受無可避免的行情低迷,還得在擁有數十億美元資產並專注於能源領域的「阿瑪蘭斯對沖基金」破產後遭受重創。

阿瑪蘭斯對沖基金會面臨破產,是因為有些「未入帳」的天然氣合約後來又出現「在帳面」上,因而導致天然氣期貨暴跌,傷害了許多大宗商品基金(這些基金管理者絕對想知道阿瑪蘭斯對沖基金如何在天然氣交易中占據如此高的主導地位,還能在會計帳上隱藏天然氣合約)。這些未入帳的天然氣合約是否合法,則又是另一回事了。不過,其中有件事是肯定的:阿瑪蘭斯對沖基金的做法明顯極其不恰當,其投資組合也沒有做到應有的透明度。

除了企業詐欺、管理階層篡改帳目、華爾街大行炒作之外,還有非常真實的騙局和詐欺行為。肆無忌憚的騙子們操控騙局,還會炒作哄抬股價、逢高賣出。這種做法由來已久,只要這些騙子可以讓毫無防備的投資者相信,那些廉價的股票將成為下個Apple或微軟等超級明星股,這種詐騙手法就會一直存在。

以前會常常接到他們的電話和直銷；現在則改用傳真機或電子郵件來推銷那些交易量小、流動性差的低價股。但是，只要使用我在這本書中教你的重要基本面和量化分析，就可以保護你免受平庸的推銷手法和高明的騙犯所影響。

‖ 小心 ETF 陷阱 ‖

最後，有個新遊戲讓我有點擔心。因為除了股票促銷和空頭回補之外，這可能成為另一個扭曲量化分析中超額報酬的成分。我將之稱為 ETF 效應。

ETF 是華爾街最熱門的產品之一，像雛菊一樣大肆綻放。它們有著巨大的潛在影響，尤其是重新平衡持股時對股價的影響特別大。由於這些基金大多是新成立的，所以主要會因為買入而出現重新平衡。因此，股價被推高只是因為 ETF 需要新股來建立或擴大投資組合，而不是因為這些公司的基本面強勁、表現良好。購買需求如此強勁，讓許多 ETF 選擇向持有大量股票的大型公司和銀行借入股票。

事實上，美國銀行（Bank of America）發現這是非常有利可圖的業務，因此提供免費交易帳戶，而且不收取佣金，只為了獲得股票，然後再借給新基金並收取費用。

由於我比較看重基本面和買氣,那些因 ETF 買入而上漲的股票不會出現在我的名單上。也就是說,你應該要注意這些新投資基金可能對股票產生的潛在影響。

按照我在這本書概述的方法,結合基本面和量化因素來購買成長型股票,就可以讓你遠離危險。

那些操縱收益的股票,很可能會在篩選「自由現金流量」時無法達到要求,因而被排除在外;那些純粹炒作的股票,很可能會顯示出正報酬／正風險的跡象,但在我們的大多數基本面變數中則會慘敗,根本不會出現在雷達螢幕上。

我最重要的投資策略可能就是:不讓自己的情緒影響投資過程,只盯著數字看。

如果我們在處理問題時保持冷靜理性,華爾街的銷售機器、不誠實的會計師、肆無忌憚的騙子,就很難把我們吸進他們倚恃的恐懼和貪婪循環之中。

CHAPTER 19

緊盯目標
KEEP YOUR EYES ON THE PRIZE

「為什麼杯子總是半滿的。」
Why the Glass Is Always Half Full.

在我看來,要成為一名成長型股票投資者,最終必須是樂觀主義者。

投資股票,路上總有坎坷。就算只投資最好的股票並詳加控制風險、比不那麼嚴謹的人順利一點,但遇到一、兩個波折仍舊是在所難免,這些障礙也算是沿路風景的一部分。

我會試著藉由確保自己持有最適合當下環境的股票,來避免遭受這些苦難,卻也知道不免會有受難的時候。

我始終堅信,長遠來看,股票投資已被證明是在市場上致富的最佳途徑。股票的表現優於債券,也擊敗了通貨膨脹,而我相信這種情況會一直持續下去。羅傑·伊伯森(Roger Ibbotson)、保羅·馬胥(Paul Marsh)、艾洛伊·迪姆森(Elroy Dimson)、邁克·史當頓(Mike Staunton)等學術界名人,在他們的名著《樂觀主義者的勝利》(*The Triumph of the Optimists*)中所做的大量研究,也已經證明了這點。撇開市場會有的震盪不談,股市正是積累財富的地方。我已經多次強調,我是相信數字的人,而數字告訴我們,股票才是賺錢的所在。按照威利·薩頓(Willie Sutton)的名言,我要去有錢的地方[1]!

現在是回顧量化評級系統的好時機。這個系統讓我們

能確認每檔股票的買氣、看見哪些股票吸引機構投資者購入;我們使用的基本面評級系統,則是根據可靠的基本面因素,對股票進行評級。而基本面評級最高的股票,往往也會吸引機構投資者買入,特別是在每個季度財報發布期間更是如此。所以,當我的投資組合裡有很多有利的籌碼時,我很難感到悲觀。你也可以增加對自己有利的籌碼,並對成長型股票抱持樂觀態度。

在每個季度進入財報旺季時,手上握有的都是基本面優秀的股票,這是非常令人興奮的事!怎麼可能會不樂觀呢?

當個悲觀主義者,就會擔心周遭的各種事情。

2007年,我們要擔心伊拉克局勢、北韓核武問題、通貨膨脹、通貨緊縮、美國國會功能失調、全球暖化,甚至是小甜甜布蘭妮的不良行為都讓人擔憂;1990年代,許多人煩惱醫療改革失敗、中東緊張局勢、千禧蟲危機[2]、辛普森案,以及其他許多讓人夜不能寐的新聞;1980年代,我

---

1. 編按:此處指20世紀中期的美國銀行搶犯薩頓所說的話,據傳他被問到為何總是搶銀行時,回答:「因為錢就在這裡。」但他本人否認說過這句話。後來引用其核心思想,提醒大家在解決問題時,應該先尋求最明顯、最直接、最有可能的方法。

們掛念著冷戰、垃圾債券[3]、愛滋病疫情，以及埃克森瓦德茲號[4]。這些都是令人擔憂的事情。回顧每個10年，都可以發現許多讓我們擔憂和煩惱的事情。甚至可以說，其中一件或所有事，都是不投資股市的理由。

事實是，危機是常態，但多數都會過去並獲得解決。社會通常都會向前邁進，並比過往擁有更多的創新、更高的生產力、更豐富的利益。歷史告訴我們，樂觀並非毫無根據。從過去到現在，人類一直在進步，不斷解決問題、改善處境。

‖ 壞消息＝絕佳機會？‖

假設你相信在市場上投資應該要保有樂觀情緒，內心深處卻有個嘮叨的聲音讓你停下來操心。此時，你應該轉向「綠洲股」，這類股票可利用世界上的問題來獲利。

---

2. 編按：Year 2000 Problem, Y2K。歸因於電腦程式儲存時間只會顯示西元紀年的後兩位數字，因此無法區分 2000 年與 1900 年。這樣的誤讀，可能會造成嚴重影響，導致停水、斷電、通訊中斷、銀行癱瘓、核電廠事故等。
3. 編按：Junk bond，又稱劣等債券。源自美國，1980 年代為鼎盛時期。垃圾債券是由商業信用不佳的企業、有呆帳紀錄的公司所發行。
4. 編按：Exxon Valdez。此處指的是 1989 年 3 月 24 日午夜的阿拉斯加港灣漏油事件，埃克森油輪瓦德茲號在阿拉斯灣觸礁，洩漏 4,164 萬公升的原油。

你是否擔心中東地區無休無止的衝突？不妨看看我們的高評級國防類股，像是以開發製造軍用飛機聞名的洛克希德・馬丁（Lockheed Martin）、美國大型國防工業承包商雷神公司（Raytheon）和供航空電子與資訊系統的洛克威爾柯林斯公司（Rockwell Collins）；你擔心石油供應減少和能源成本上升嗎？不妨看看哪些能源公司排名最高，似乎就能從混亂的局勢中獲利；你擔心全球暖化問題嗎？不妨篩選出那些可能因嚴苛環境管制而獲利的公司。

有了正確的工具和分析，即使是半空的杯子、令人擔憂的各種問題，也會很快就因為找到投資機會，讓財富之杯更加充盈。你所生活的世界可能充滿危險，但你可以建立一個超越危險的投資組合。

此外，每當世界上出現危機時，往往也是絕佳的買入良機。請看下頁圖表19-1，顯示出儘管各種危機相繼發生，股市依舊有向上發展的趨勢。

既然看似世界末日來臨也可能獲利，為何還是有這麼多壞消息？

讓我們面對現實吧！因為壞消息能夠讓書籍和報紙大量暢銷、能讓廣告價碼更高、能在網路上賺取點擊率。「末日大師」似乎總是能夠登上暢銷書排行榜，《為什麼世界

將在1970年代崩潰》、《爲什麼世界將在1980年代崩潰》，以及《這次是眞的！一切都將在10年內崩潰》等各式書名說著壞消息。

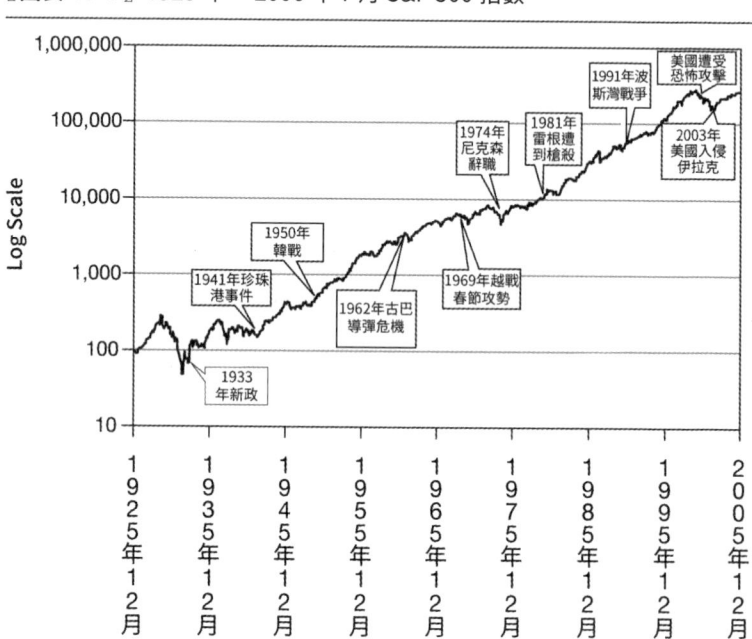

〖圖表 19-1〗1925 年～ 2006 年 7 月 S&P 500 指數

資料來源：Ned Davis Research

壞消息助長恐懼,並成為有效的銷售工具。

只要看看每天新聞網站上的頭條,就會發現很多讓人擔心的事情。但我是個樂觀主義者,所以不妨跟著我看看網站上的其他新聞,瞭解這個世界還發生什麼事:

在健康方面,癌症死亡率再次下降、找到阿茲海默症的基因,逐步引導我們發掘出其他治療方法;在科技領域,Netflix透過網路提供電影,擴展我們的休閒時光;在交通領域,飛機上已經安裝了反導彈系統,使得空中旅行更加安全。除此之外,太陽能也在慢慢廣泛獲得運用,降低能源成本。

事實上,每天都有很多美好的事情發生在我們身邊,指向光明的未來。

‖ 投資光明的未來 ‖

我不知道下一個突破性的產業或重大發現會是什麼,但是我知道,身為成長型股票投資者,當我展望未來和各種可能性時,不論是站在個人和專業立場,都感覺這很令人振奮。

奈米技術每天都在不斷發展,光是這項令人振奮的研究在人類健康問題上的潛力就令人驚嘆不已;替代能源的

研究也在加速發展，可能帶我們走向更低的能源成本（這同時意味著更高的利潤）。醫學正致力於治療疾病和延長我們的壽命、科技正不斷提高生產力來使生活更加輕鬆。想想看：10年前提出iPod、混合動力車和基因療法，聽起來都還覺得有點科幻呢！

我們不可能預測哪些想法取得進展，哪些突破會改變並改善我們的生活，但是創新和發明一定會持續發生。

除了個人享受創新，我也可以藉由投資能改善未來的好股票，來讓我在專業上享受新的發現。當有人在醫學上取得突破，可以成功治癒阿茲海默或癌症；當某家能源公司找到石油替代品，可以降低我們的成本時，我會把重點放在留意那些基本面良好、成長迅速的公司，然後找出這些會產生強勁營收和收益的公司股票並持有它們。保持樂觀心態，計畫未來將帶給我們的正面成果，就能使我們更加富有。如此一來，我們就可以親身享受到創新所帶來的好處。

我所持有的公司類型，都是能帶來突破和利潤的公司。因為專注在強大的基本面，如果一家公司的新產品或服務有非常旺盛的需求，又能產生快速成長的營收和利潤，那麼這家公司就會出現在我們的投資組合中。這些公

司往往在市場上占據主導地位,並為了研發創造出強勁的現金流量,去實現他們的新發明。

只要快速瀏覽一下我們 2007 年初的買進清單,就會發現這些公司在形形色色、令人興奮的領域居於領先地位。安健（Angeion）是非侵入性心肺診斷和治療系統的領導者、輕體佳（NutriSystem）在健康科學減重方面居於領先地位；直播電視集團公司則改變了家庭娛樂的世界；吉利德（Gilead）從事基因研究,有可能生產出一鳴驚人的救命藥物和治療方法。

成長型公司往往是創新型的公司,它們願意承擔商業風險,去挖掘可以改變健康、科學,甚至休閒和服務領域的新產品。一旦有新的發現取得進展、新的公司嶄露頭角,我們就會將其納入投資組合。如果這些公司擁有特別大的成就並且領先市場,就一定會出現在我們的雷達上。我個人可能無法預測 Apple 的 iPod 會如此成功並且處於市場主導地位,但我的模型可以,而且它也真的做到了。

擁有這些令人振奮的多元化投資組合,也讓我更容易保持樂觀。我不僅把投資組合分散在不同的行業,並且始終遵循我的 60 ／ 30 ／ 10 組合原則,讓我在所有類型的股票中找到正確的產業組合。我知道在動盪的市場中,保

守型股票往往可以保護我的投資組合不要遭受嚴重的下跌影響；我也知道，在快速上漲的股市中，適度積極型和積極型股票會帶給我所需的動力，讓持股上漲得更快。多年來，這種組合的成果非常顯著，不僅使我們保有充分的投資，也使我們能夠承受市場和經濟面可能帶來的所有衝擊。

‖ 真金不怕火煉 ‖

我會這麼樂觀，還有一個原因，那就是成長型投資很有效，而且這是經過實戰驗證的。

我最初是在 1970 年代發現高超額報酬股票的強勁表現，當時我還是學生。在那之後，我們經歷了惡性通貨膨脹、冷戰、1987 年的大崩盤、兩次伊拉克戰爭、2000 年的網路泡沫。你猜怎麼著？這策略仍然有效。

我自認是個對數字痴迷的怪咖，所以我總是在研究市場，探索新的想法來增強我的模型。我們仔細且全面地測試了各式各樣的基本面變數，來找出最有效的一個，而這些基本面變數就是我們選擇投資組合股票的基礎。由於共同基金和對沖基金的強大買氣，讓高超額報酬股票持續漲勢，使我們在市場上占據著持續長達 30 多年的優勢。

當你知道手握強大的工具和技術來選擇優秀的成長型

股票,而這些股票將引領市場前進時,輕輕鬆鬆就能成為樂觀主義者。

一張圖片勝過千言萬語。下頁圖表19-2展示出我們評級最高的股票表現。

自1998年以來,要說市場經歷動盪還有點太輕描淡寫。事實上,我們經歷了網路泡沫化、總統選舉的激烈競爭、現任總統的彈劾辯論,以及悲慘的911恐怖事件,與隨後的阿富汗和伊拉克戰爭。在整個過程中,A級股票——這群被看好的超級成功股票——不僅跑贏市場,還打敗了大盤!

正如圖表清楚顯示的,確實一路都有波折,但在過去8年的所有試煉和磨難中,A級股票的平均年報酬率都超過30%。當市場在2003年恢復攀升時,這些股票從超越市場表現的優質股,轉變為後勁十足的加速器。

擁有這些工具,使我成為樂觀主義者,而在我的整個投資生涯中,我都將保持這種心態。

就讓那些唱反調、看衰未來的商家去賣報紙和網路廣告吧!我會像所有成長型股票投資者一樣,相信人類會持續讓世界變得更美好,也會讓我們自己和所愛的人更安全、更愉悅、更具生產力、更有利可圖。正是這些動機產

〖圖表 19-2〗A 級股票的表現數

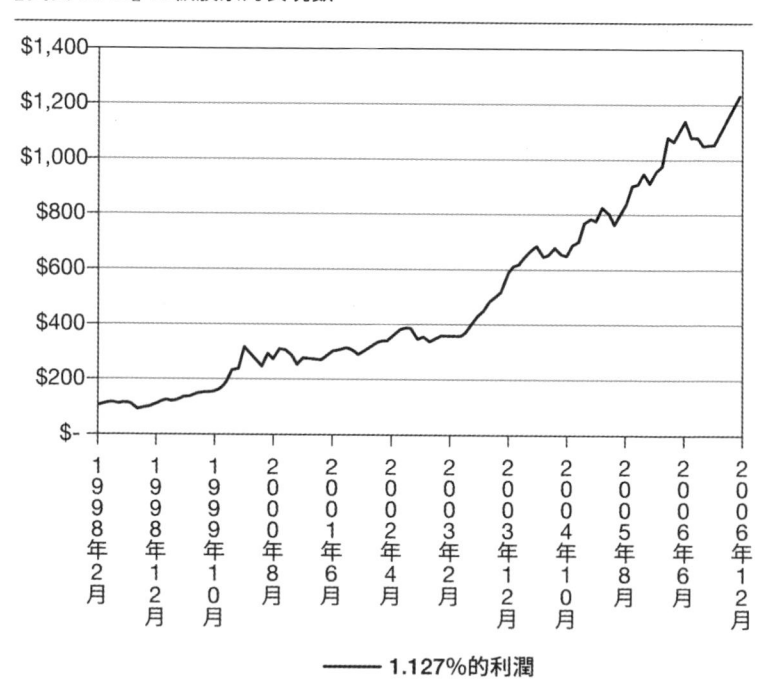

── 1.127%的利潤

生出新技術和新發明,進一步催生出嶄新的成長型公司,而這些公司的股票則會為投資者帶來強大的報酬。自從100多年前市場開始蓬勃發展、創新開始出現加速以來,就一直如此。所有研究仍舊持續進行中,再加上過去10年裡出現的種種驚喜突破和新發現,人們怎麼能不樂觀,並對即

將到來的美好事物充滿敬畏之心呢？

因此，親愛的投資者，我對你只有一個簡單的期許：希望你以全新的樂觀態度展開投資之旅。

在這本書中談論的所有跑贏大盤的公式、所有關鍵的經驗教訓，都能讓你獲利致富，也都已經歸你所有。從今天開始好好使用它們並持續堅持吧！無論市場將如何變化，你都能獲得實現財務夢想的報酬。

致謝
Acknowledgments

我想感謝幾位啓發我、鼓勵我寫這本書的人。

首先,我必須感謝加州州立大學海沃德分校的工商經濟學院,它為我提供了堅實的會計背景,並讓我接觸到當時非常強大的工具,包括:史丹佛大學的銀行模擬器、富國銀行的大型電腦。讓我能夠使用它們來測試、制定、改善並驗證我的量化及基本股票篩選標準。我要特別感謝阿諾德‧朗森(Arnold Langsen)教授對我的啓發和指導,而且持續在我 1978 年畢業後不斷地影響著我。我也要感謝加州州立大學海沃德分校的全年課程,加快了我的學習速度,在 20 歲前就畢業。加州州立大學海沃德分校是一所非凡的學校,它讓我走上了成功的快速通道。

其次,我要感謝總部位於內華達州雷諾市的管理公司

裡，所有忠誠的員工和股東。我要特別感謝敬業的管理團隊，幫助我改善量化和基本選股標準。我們一起擴充了我們的系統，專注於令人振奮的節稅、交易、對沖、特定風格和國際專案。為了幫助投資者瞭解哪些股票是當今市場上最好的股票，我們每個周末都會花時間研究，並更新我們對近 5,000 檔股票的量化和基本股票排名。我們的研究從未停止，因為我們對所有投資者的承諾是：無論是現在還是將來，我們都會繼續尋找關鍵性的股市特殊現象。

第三，我必須感謝我在投資者傳媒（InvestorPlace Media）的所有同事，他們幫助我透過電子報與成千上萬名個人投資者分享我的知識和經驗。我特別感謝並重視的是，我們能夠提供強大的線上資料庫給所有訂閱者。我和所有同事們肩負著教育、真正幫助投資者的使命。「赫伯財務文摘」機構（The Hulbert Financial Digest）證實，我們有著長期的良好績效評等，我們為此相當自豪。但更令我們驕傲的是，我們幫助成千上萬名投資者實現他們的理財夢想。

第四，我要感謝我的妻子溫蒂和孩子克麗絲朵、查斯、娜塔莉，謝謝你們讓我可以在股市短暫停滯不前的時候，周末仍舊加班工作。我知道自己努力想要做到最好的熱情，有時會影響到家庭活動，但我謝謝你們的支持和理

解，使我能夠繼續幫助投資者。我希望這樣的職業道德能成為孩子的榜樣，讓他們在所有努力的目標上都能取得成功。

最後，我還要特別感謝蒂姆・梅爾文（Tim Melvin）和梅勒妮・羅素（Melanie Russo），他們為本書的出版孜孜不倦地工作，我永遠感激他們。

我們的旅程不會隨著一本書的完結而結束。

我建立了「Stock Grader」這個工具，你可以上線進入我獨有的股票評等資料庫。這是一個互動式工具，根據我驗證過的公式對將近 5,000 檔股票進行評等，查看投資組合中每檔股票的量化評級和基本分數。

裡面有為你做好的統計測量，並以明確的字母評級呈現。只要輸入股票代碼，除了我的八個基本變數排名，還可以看到我對每檔股票的量化評級：A 是強烈建議買入、B 是買入、C 是持有、D 是賣出、F 是強烈建議賣出。

如此一來，可以按照吸引力對個股進行排序，也會收到充分的警示，輕易地看到華爾街幾乎所有股票的營業利益率評等何時開始下降，以作為早期預警指標，在股票下跌之前就先賣出。你也不需要因為要觀察每檔股票而備感壓力，因為網站會告訴你投資組合中所有股票的風險報酬特性。只要點擊每檔股票，還可以看到關於這檔股票的深入介紹，並根據波動性（即標準差）顯示這檔股票是保守型、適度積極型還是積極的。

這個工具可以讓你在華爾街找到表現最好的股票，融入成功的財富積累投資組合中。當你讀完這本小書時，你就能立即把學到的東西完整地應用到現實的投資世界中！

更多資訊請至作者個人網站瞭解更多：
https://www.navelliergrader.com/nsd/

國家圖書館出版品預行編目 (CIP) 資料

精準狙擊成長股：跑贏大盤的 8 個高勝率選股指標／路易斯．納維利爾
（Louis Navellier）著；簡瑋君譯. -- 初版. -- 臺北市：今周刊出版社股份
有限公司, 2025.06
224 面；14.8X21 公分. -- (投資贏家；85)
譯自：The little book that makes you rich : a proven market-beating formula
for growth investing
ISBN 978-626-7589-36-6(平裝)

1.CST: 股票投資 2.CST: 投資技術 3.CST: 投資分析

563.53　　　　　　　　　　　　　　　　　　　　　　　114005591

投資贏家 85

精準狙擊成長股：
跑贏大盤的 8 個高勝率選股指標

作　　者	路易斯‧納維利爾（Louis Navellier）
譯　　者	簡瑋君

總 編 輯	蔣榮玉
資深主編	李志威
特約編輯	蔡緯蓉
封面設計	萬勝安
內文排版	陳姿仔
校　　對	李志威

企畫副理	朱安棋
行銷企畫	江品潔
業務專員	孫唯瑄
印　　務	詹夏深

發 行 人	梁永煌
出 版 者	今周刊出版社股份有限公司
地　　址	台北市中山區南京東路一段 96 號 8 樓
電　　話	886-2-2581-6196
傳　　真	886-2-2531-6438
讀者專線	886-2-2581-6196 轉 1
劃撥帳號	19865054
戶　　名	今周刊出版社股份有限公司
網　　址	http://www.businesstoday.com.tw

總 經 銷	大和書報股份有限公司
製版印刷	緯峰印刷股份有限公司
初版一刷	2025 年 6 月
定　　價	380 元

THE LITTLE BOOK THAT MAKES YOU RICH: A PROVEN MARKET-BEATING FORMULA FOR GROWTH INVESTING
Copyright: © 2007 BY Louis Navellier
This translation published under license with the original publisher John Wiley & Sons, Inc.
This edition arranged with John Wiley & Sons, Inc. through BIG APPLE AGENCY, INC., LABUAN, MALAYSIA.
Traditional Chinese edition copyright © 2025 Business Today Publisher
All rights reserved.

版權所有‧翻印必究
Printed in Taiwan